누구나
100억 부자가
될 수 있다

누구나 100억 부자가 될 수 있다

초 판 1쇄 2024년 09월 26일
초 판 2쇄 2024년 10월 15일

지은이 유형곤
펴낸이 류종렬

펴낸곳 미다스북스
본부장 임종익
편집장 이다경, 김가영
디자인 임인영, 윤가희
책임진행 안채원, 이예나, 김요섭, 김은진, 장민주

등록 2001년 3월 21일 제2001-000040호
주소 서울시 마포구 양화로 133 서교타워 711호
전화 02) 322-7802~3
팩스 02) 6007-1845
블로그 http://blog.naver.com/midasbooks
전자주소 midasbooks@hanmail.net
페이스북 https://www.facebook.com/midasbooks425
인스타그램 https://www.instagram.com/midasbooks

© 유형곤, 미다스북스 2024, *Printed in Korea*.

ISBN 979-11-6910-821-8 03320

값 **22,000원**

미다스북스는 다음세대에게 필요한 지혜와 교양을 생각합니다.

누구나 100억 부자가 될 수 있다

유형곤 지음

확 실 한 부 를 창 출 하 는 필 승 투 자 비 법 서

재테크
한 권으로
끝내기

사회
초년생들을 위한
투자 입문서

부의 법칙을
가장 쉽게
풀어 쓴 책

우리는 모두 부자가 되기를 원한다. 하지만 대부분의 사람은 부자가 되는 방법을 제대로 알지 못한다. 그러다 보니 부모님들은 무조건 자녀가 공부를 열심히 해서 좋은 대학에 들어가기를 바란다. 하지만 좋은 대학을 나왔다고 부자가 된다는 보장이 없다. 또한 좋은 기업에 취직했다고 해서 부자가 되지는 못한다. 그 이유는 회사에서 부자가 될 만큼 많은 돈을 월급으로 주지 않기 때문이다.

설사 월급을 많이 준다고 해도 부자가 되기는 어렵다. 평생 부자로 살려면 반드시 재테크를 알아야 한다. 아무리 월급을 많이 받는다고 해도 돈을 제대로 관리하지 못하면 '밑 빠진 독에 물 붓기'가 된다. 필자가 아는 70대 초반의 지인은 '과거에 월 2,000만 원씩 벌었다'고 한다. 그렇지만 그는 "돈을 제대로 관리하지 못해 지금도 일하지 않으면 안 된다." 고 말했다.

그는 "젊었을 때 재테크 방법을 제대로 배웠다면, 60대 이후부터는 내가 원하는 삶을 살았을 텐데. 재테크를 몰랐던 것이 지금 후회가 된다!"라고 말했다. 여러분이 장사나 사업을 해서 큰돈을 벌었다고 해도 재테크를 모르면 자신의 재산을 지킬 수 없다. 재산을 잘 관리하고 지키려면 재테크 공부는 필수라는 사실을 깨달아야 한다.

필자는 TV에서 〈나는 자연인이다〉라는 프로를 즐겨 시청한다. 필자가 그 프로를 자주 보는 이유는 딱 한 가지다. 그 사람들이 어떻게 산으로 들어가게 되었는지가 궁금하기 때문이다. 물론 자연이 좋아서 산에 들어가서 생활하겠지만, 이야기를 잘 들어보면 꼭 그것이 직접적인 이유는 아니다. 자연인으로 살게 된 사연은 저마다 다르다. 그중에서 많이 나오는 이야기는 한때 장사나 사업을 통해 큰돈을 벌었지만, 그 돈을 제대로 관리하지 못해 모든 재산을 순식간에 날리게 되었다는 내용이다. 한순간에 모든 재산을 잃게 되자 세상이 싫어져서 산으로 들어오게 되었다는 것이다.

필자가 이 책을 쓰는 목적은 돈을 많이 벌고 적게 벌고를 떠나서, 평범한 직장인이 부자가 되는 방법을 알려주기 위해서다. 필자도 재테크에 관한 공부를 하면서, 재테크를 젊었을 때 알았다면 필자의 인생이 달라졌을 거라는 생각이 들었다. 우리는 주변에서 한때 돈을 잘 벌다가 한순간에 쪽박을 차는 사람들을 심심치 않게 볼 수 있다. 왕년에 한가락 했던 사람이 노후에 궁핍하게 사는 경우를 주위에서 쉽게 볼 수 있다.

예기치 못한 경제 상황으로 한순간에 파산하는 경우가 많다. 어느 인쇄소를 하시는 분은 한때 사업이 잘되어서 큰돈을 만지게 되었다. 그분은 앞으로도 계속 사업이 잘될 것으로 생각했다. 그래서 돈을 더 많이 벌기 위해서 해외에서 수십억 원의 기계를 추가로 구입하고, 사무실과 공장을 확장했다. 그리고 규모가 커진 만큼 직원 수도 늘렸다. 그러다가 갑자기 불황이 닥쳐오면서 주문이 급격하게 줄어들었다. 늘어난 인건비와 임대료 그리고 운용비용을 감당할 수 없게 되었다. 그분은 "은퇴할 나이가 훨씬 지났지만, 벌어놓은 돈이 없어서 지금도 일하지 않으면 안 된다."라고 말한다.

그런데 그 주변의 다른 인쇄업자는 상황이 달랐다. 그분도 인쇄업으로 돈을 벌게 되었다. 하지만 그분은 번 돈을 재투자하는 대신 주변의 건물을 샀다. 그분은 건물에서 임대료로 매달 1,500만 원씩 받고 있다고 한다. 그분은 여전히 조그마한 인쇄소를 운영하고 있다. 경기가 좋지 않아도 전혀 문제가 되지 않는다. 월세를 받아서 생활하고도 돈이 충분히 남기 때문이다. 그분은 '소일거리로 인쇄소에 나온다'고 한다.

경기는 주기적으로 사이클이 반복된다. 상승하면 이어서 하락이 오고, 하락이 오면 다시 상승한다. 영원히 잘되는 것은 이 세상에 없다. 따라서 지금 잘되면 곧 불황이 올 것을 예상하고 이에 대비해야 한다. 항상 세상의 변화를 지켜보면서 미래가 어떻게 바뀌게 될지를 상상해야만 한다. 앞으로 미래는 어떤 사회가 될지를 관심을 가져야 한다. 전문가의 강연을 듣고, 신문을 읽고, 사회의 리더들이 어느 방향으로 움직이고 있는지를 눈여겨봐야 한다. 우리는 미래의 변화를 예측하여 자산의 투자 전략을 구상해야 한다.

우리의 목표는 부자가 되는 것인데 엉뚱한데 돈과 시간과 에너지를 낭비하고 있다. 부자가 되려면 잘 놀고 사회성이 좋고 호기심이 많은 아이로 키워야 한다. 특히 성격이 좋은 아이로 키워야 한다. 도전정신과 끈기 등이 성공에서 중요한 요소다. 이러한 요소는 아이가 좋아하는 것을 마음껏 하도록 격려하는 데서 길러진다. 모든 아이가 다 공부를 잘할 수는 없다. 아이를 마음껏 뛰놀게 하고 공부는 사회생활을 하는 데 지장이 없을 정도만 하면 된다. 부모가 해야 할 일은 아이의 재능을 찾아서 키워주는 일이다.

아이가 잘 노는 것을 칭찬해야 한다. 남과 잘 논다는 것은 사회성이 좋다는 이야기다. 하고 싶은 것을 끝까지 하도록 해야 한다. 뭘 하면 끝까지 하는 습관을 길러준다. 그것이 무엇이든 말이다. 아이가 잘 놀지 않으면 부모는 그 점을 걱정해야 한다. 사람을 좋아하고 사람을 만나는 것을 격려해야 한다. 사람을 좋아하는 사람이 성공하게 된다. 우선 가정에서부터 부모를 좋아하도록 만들어야 한다. 부모를 좋아하게 만들려면 잔소리 대신 부모와 함께 즐겁게 먹고, 즐겁게 대화하고, 즐겁게 보내는 시간을 많이 가져야 한다.

"우리는 목표가 정면 100m 앞에 있는데도 불구하고, 반대편으로 출발해 지구를 한 바퀴 돌아 목표에 도달하게 된다."라고 한 유명한 재테크 전문가가 말했다. 너무나도 공감되는 말이다. 왜 우리는 부자가 되는 간단한 길을 놔두고 수십 년에 걸쳐서 지구를 한 바퀴 돈 후에, 목표에 도달하려고 할까. 그 이유는 사람들이 문제의 본질을 제대로 보지 못하고 있기 때문이다.

우리의 목표는 누구나 부자로 사는 것이다. 사실상 부자가 되기 위해 부모들은 사교육에 올인하고, 좋은 대학에 보내려고 하고, 좋은 직장에 들어가기를 바란다. 의사가 돈을 많이 번다는 사실을 깨달은 부모들은 자녀를 의사로 만들기 위해 초등학교 때부터 전략적으로 공부를 시킨다. 결국 자녀를 부자로 만들기 위해 공부를 자녀에게 강요한다. 그러다 보니 자녀의 입장에선 사는 것이 지옥일 수밖에 없다.

사는 것이 즐거워야 하는데 하루 종일 공부만 하는 생활은 두 번 다시 겪고 싶지 않다. 자녀의 입장에선 고생을 자신의 자녀에게 시킨다는 것을 상상하니 끔찍하다. 애를 낳지 않는 것이 오히려 인간적인 일이다. 이런 생활은 나의 대(代)에서 끊는 것이 바람직하다고 생각할 수밖에 없다. 결국 부자로 살기 위해 이 모든 힘든 삶을 자녀에게 강요하고 있다. 그렇지만 공부 잘하고 좋은 직장을 가졌다고 해서 부자가 되는 것은 아니다. 재테크를 모르면 한순간에 모든 자산이 사라질 수 있기 때문이다.

필자는 이 책을 통해서 모든 사람이 부자가 되는 방법을 이야기하려고 한다. 이 책에서 강조한 방법을 꾸준히 실천한다면 60대에 누구나 100억 이상의 부자가 될 것이다. 향후 수명이 100세 또는 120세가 된다고 보면 60대에 은퇴해서 40~60년을 더 살게 된다. 우리가 반드시 부자가 되어야 하는 이유다. 시중에 나와 있는 수많은 재테크 책들이 부자가 되는 방법을 말하고 있지만, 그 방법들은 특별한 재능과 노력을 요구하고 있어, 일반인들이 사실상 따라 하기가 쉽지 않다.

이 책에서 필자가 제시하는 '부자가 되는 방법'은 누구나 쉽게 따라 할 수 있다. 많은 노력과 공부도 필요하지 않다. 그렇기에 필자가 제시하는 방법을 여러분 모두가 따라 하기를 바란다. 이 책을 읽는 분들이 모두 부자가 되어 원하는 인생을 살게 되기를 진심으로 기원한다.

1.

부자는
행복한 삶의
필수 조건

우리는 왜 부자가 되어야 하는가?

우리는 왜 부자가 되어야만 하는가? 이 문제에 대해 진지하게 고민해야 한다고 본다. '부자가 되기를 원하지만, 안 돼도 어쩔 수 없지 않은가?'라고 생각하고 있을지 모르겠다. 사실상 많은 사람들이 그렇게 생각한다. 하지만 우리가 인간답게 살고, 무엇보다도 행복하게 살기 위해서는 반드시 부자가 될 필요가 있다. 충분한 돈이 없다면 행복을 느낄 여유가 많지 않다. 오로지 생존하기 위해 하루하루 남의 밑에서 일을 하면서 살아가야만 한다. 우리는 단지 먹고 살기 위해서 이 세상에 오지는 않았다. 인간은 생존 이상의 가치 있는 삶을 영위하기 위해 이 세상에 온 것이다. 다시 말해 우리는 행복한 삶을 살기 위해 이 세상에 온 것이다.

가난하게 산다는 것은 '많은 것을 포기하고 살아야 한다'는 것을 의미한다. 인간으로서의 존엄을 갖지 못하고, 인간다움을 포기하고 살아야 한다. 그것은 동물의 삶과 별반 다를 바 없다. 혹자는 "가난해도 얼마든지 행복하게 살 수 있다."라고 말하는 사람이 있을지도 모른다. 그것은 모든 것을 포기하고 성자가 되고자 하는 사람의 말이다. 가족과 관계를 끊고, 오로지 구도자의 삶을 추구하는 사람에게 해당이 되는 말이다. 여러분이 이 세상에 태어나서 하고 싶은 것을 마음껏 하고, 인간다운 삶을 추구하고, 무엇보다 행복한 삶을 추구한다면 충분한 돈을 가지고 있어야 한다. 대부분의 사람은 이 사실을 부인하지는 않을 것이다. 그러나 사람들이 이것을 드러내놓고 말을 하지는 않는다. 이 말을 하려면 부자가 되는 방법을 분명히 제시해야 하는데, 이를 자신 있게 알려줄 수가 없기 때문이다.

사람들이 부자로 살고 있지 않다 보니 젊은이들에게 "부자로 살아야 행복한 삶을 살 수 있다."라고 자신 있게 말하지 못하고 있다. 부자가 되는 방법을 모르다 보니 평범하게 소시민으로 사는 것을 정상으로 받아들이게 된다. 그리고 누구에게도 "부자로 살아야만 한다."라고 얘기할 수가 없다. 사람들은 부자가 되기를 원하지만 이게 말처럼 쉽지 않다.

누구나 나이가 들어서 젊은 사람처럼 많은 일도 할 수 없게 되고, 건강상 은퇴할 수밖에 없는 시기가 온다. 젊어서야 어쩔 수 없이 남의 밑에서 일을 해야 하지만, 60대 이후에는 부자가 되어서 자신이 원하는 삶을 살아야 한다. 60대에 부자가 되어 있으면 얼마든지 경제적으로 자유로워지면서 하고 싶은 일만 골라서 할 수 있다. 쉬고 싶을 때 쉬고, 일하고 싶을 때 하고 싶은 일을 하면 된다.

인생에서 고통의 99%는 돈 때문이다

우리가 인생을 살면서 고통을 느끼고 스트레스를 받는 근본적인 원인은 무엇이라고 생각하는가? 인간관계에서 오는 갈등, 직장에서의 갈등, 가족 간의 갈등, 애인과의 갈등, 배우자와의 갈등, 자녀와의 갈등, 공부에 대한 스트레스, 일에서 오는 스트레스, 사업 부진 등 우리는 살면서 수많은 갈등과 스트레스를 겪게 된다. 스트레스가 지나치면 정신적으로나 육체적으로 쇠약해지면서 각종 질병과 암으로 연결된다. 왜 우리는 삶을 살면서 많은 스트레스와 고통을 느끼게 되는가? 그것은 바로 두려움과 공포 때문이다. 두려움과 공포는 어디서 오는가. 바로 생존에 대한 위협에서 온다.

예를 들어 직장에서 상사로부터 스트레스를 받고 있다고 치자. 근본 원인을 따지고 들어가면 직장에서 해고될까 두렵기 때문이다. 직장에서 해고되면 당장 생존에 대한 두려움이 엄습한다. 내가 수백억 원 이상 자산을 가지고 있다면 직장생활을 부드럽게 할 수 있다. 직장 상사 때문에 크게 스트레스를 느끼면서 일할 필요가 전혀 없다. 인간관계도 마찬가지다. 싫은 사람과 굳이 계속 인간관계를 맺으면서 살 필요가 없다. 좋은 사람과 즐겁게 교류하면서 살면 된다. 공부를 못해도 크게 문제가 되지 않는다. 좋은 대학에 가려는 것은 좋은 직장에 들어가 월급을 더 많이 받고자 하는 것이다. 내가 좋은 대학에 가지 않아도 수백억 원의 자산을 가진 부자가 될 수 있다면 힘들게 좋은 대학에 가려고 할 필요가 없다.

부모가 자녀에게 공부를 강요하고 엄격하게 자녀를 다루는 근본 원인 역시 돈 때문이다. 자녀가 가난하게 살게 될까 두려워서 부모가 자녀를 학대하는 것이다. 애인과 관계도 마찬가지다. 내가 재벌 2세라면 애인에게 차일까 걱정할 필요가 있는가. 나 좋다는 사람이 줄 서 있는데 말이다. 남하고 싸우고 아옹다옹하면서 살 이유가 없다. 나는 이미 충분히 부자이기 때문에 굳이 남하고 크게 다툴 필요가 없다. 없는 사람이 하나라도 더 차지하려고 상대방과 치열하게 생존 투쟁을 하는 것이다.

돈이 없어서 겪는 고통이 얼마나 많은가. 돈이 없어서 질병을 제대로 치료받지 못한다면 얼마나 비참한가. 먹고 살기 위해 아침부터 늦은 밤까지 힘들게 일하는 수많은 자영업자를 주위에서 쉽게 볼 수 있다. 1년 365일 쉬지도 못하고 일을 하면서 겨우 먹고 사는 사람이 얼마나 많은가. 돈이 풍족하지 못해 많은 스트레스와 고통을 받고 있다는 사실을 우리는 절실하게 느끼게 된다. 단지 돈이 없어서 인간 대접을 받지 못하는 경우가 얼마나 많은가. 돈이 없으면 원활하게 인간관계도 맺을 수 없다. 이러한 고통에서 해방되기 위해 우리는 기필코 부자가 되어야 한다는 생각이 강하게 들 수밖에 없다.

자본주의 사회에서는 돈이 없다면 하루도 삶을 영위할 수가 없다. 돈이 없다면 아무것도 할 수가 없다. 생존의 가장 기본이 되는 의식주가 위협받게 된다. 인간의 생존의 기본인 의식주를 해결할 수 있는 돈이 없다면 인간에게 가장 큰 스트레스와 고통을 주는 것이다. 인간에게 스트레스와 고통의 근본 원인은 충분한 돈이 없기 때문이다. 돈에서 자유롭지 못하면 불안과 스트레스 그리고 고통스러운 삶이 평생 함께하게 된다.

진정한 자유는 경제적 여유로부터 온다

'돈이 다가 아니다.', '돈이 많다고 해서 행복한 것은 아니다.'라는 말을 흔히 듣는다. 이 말을 100% 그대로 믿어서는 안 된다. 이 말의 의미는 '우리 인간은 물질 이상의 고차원적인 가치를 추구한다'는 것을 표현한 것이다. 인간이 기본적으로 물질을 도외시한다면 생존 자체가 힘들다. 물론 이슬만 먹고 한 달은 버틸 수 있다. 한 달 동안 고상한 이야기를 하고 고차원적인 정신세계를 추구하면서 행복을 느낄 수 있을지는 모르지만, 한 달 이후에는 우리 존재 자체가 끝난다.

풍요로운 물질의 공급이 없이 가난하게 사는 것 자체가 고통이요, 비참함의 연속이라는 사실을 알아야 한다. 행복은 거창한 것이 아니다. 사람이 살아가는 데 어려움 없이 일상생활을 영위하는 것이 바로 행복이다. 매일 돈이 없어서 곤궁하게 살면서 고차원적인 정신세계를 논하는 것이 행복한 삶일까? 먼저 가정부터 파탄이 난다.

우리가 일단 이 세상에 태어난 이상 부자가 되는 것이 중요하다. 부자가 되면 우리가 원하는 삶을 살 수 있고, 고상한 생활도 할 수 있고, 행복도 추구할 수 있다. 매일 세끼를 걱정하는 상황에서 행복을 추구하는 것 자체가 먼 남의 나라의 이야기이며, 그들에게 행복은 사치다.

우리 인간은 이 세상에 태어나서 단 한 번 살다가 가게 되어 있다. 두 번 정도 산다면 좋으련만 우리는 오직 한 번만 산다. 타의에 의해 이 세상에 태어나서 세상 공부를 하다 보면 어느새 인생의 종착역에 다다르게 된다. 이 얼마나 안타까운 일인가. 많은 사람들이 죽음에 가까워졌을 때 세상의 이치를 깨닫게 되면서 후회를 하게 된다.

부자가 되는 방법을 깨닫게 될 즈음 세상을 하직하게 되니 항상 그것이 문제다. 우리는 항상 너무 늦게 세상의 이치를 깨닫게 된다. 한 번은 가난하게 살고 한 번은 부자로 산다면 좋겠지만 우리에게 주어진 인생은 딱 한 번뿐이다. 남들처럼 세계 일주 여행도 하고, 멋진 곳에서 사랑하는 사람과 식사도 하고, 멋진 추억을 만들 수 있으면 좋으련만 돈이 충분하지 않아 할 수가 없다. 길다면 길고 짧다면 짧은 인생을 죽도록 일만 하다가 보낸 사람들이 얼마나 많은가.

부자가 되는 진정한 목적은 바로 노후를 대비하기 위한 것이다. 은퇴한 후에 돈이 없으면 그것처럼 비참한 것이 없다. 노후에는 젊은 사람에 비해 체력도 떨어지고 여러 면에서 기능이 저하된다. 젊을 때처럼 경제적 활동을 왕성하게 하기도 어렵다. 따라서 30대부터 자신의 노후를 준비하여야 한다. 가장 중요한 것은 노후에 일하지 않고도 경제적으로 여유롭게 생활할 수 있도록 준비하는 일이다. 앞으로 100세 이상 사는 시대가 되면 은퇴한 후 약 40여 년 이상 동안 노후생활을 하게 된다. 젊을 때부터 재테크를 통해 노후를 대비하는 것은 젊은 시기에 해야 할 가장 중요한 일 중 하나다.

인생의 황금기는 60세부터 시작된다

태어나서 30년 동안은 공부하고 배우는 시기다. 그 이후 30년 동안은 배운 지식을 가지고 사회에서 왕성하게 일하면서 돈을 벌고, 가정을 갖고 자녀를 키우는 시기다. 또한 열심히 재테크를 할 수 있는 시기다. 60세부터는 드디어 진정한 자신의 인생을 마음껏 살 수 있는 시기가 된다. 이때부터 진정한 나의 삶이 시작되는 것이다. 평소에 운동을 통해서 건강관리를 꾸준히 했다면 젊은 사람 못지않게 활동할 수 있다.

통계를 보면 가장 행복을 느끼는 시기가 바로 60대부터라고 한다. 60대부터 진정 나만을 위한 삶을 살아갈 수 있기 때문이다. 이때 충분한 부를 갖고 있다면 가장 행복한 삶을 살 수 있다. 정신적, 육체적, 환경적으로 완벽하게 행복을 느끼며 생활할 수 있는 시기다.

60세를 노인이라고 생각하면 안 된다. 요즘 60대는 옛날 40~50대와 맞먹는 나이다. 건강관리 잘한 사람들은 마음껏 하고 싶은 일을 하면서 지낸다. 젊을 때보다 약간 체력이 떨어지는 면은 있지만 하고 싶은 일을 하는 데 전혀 문제가 없다. 자신이 꿈꾸는 인생을 실제로 살 수 있는 인생의 최고의 시기는 60대부터 시작된다. 인생의 황금기가 60~100세까지라는 것을 여러분은 깨달아야만 한다.

이렇게 좋은 시기가 시작되는 60세에 돈이 없다면 정말로 인생이 비참하다. 60대부터는 자신이 원하는 삶을 마음껏 살기 위해서는 충분한 돈이 있어야 한다. 60대가 되면 100억 부자가 되어 있어야 한다. 자신이 원하는 일을 하고, 쉬고 싶을 때 쉬고, 해외여행도 얼마든지 다니고, 좋아하는 취미생활도 마음껏 하고, 사랑하는 사람들과 즐거운 시간을 보낼 수 있어야 한다. 일은 취미로 한다. 앞으로 100세 시대에 노후생활 40년이 바로 인생의 황금기라는 것을 깨달아야 한다. 이 모든 것을 가능하도록 하기 위해 60대에 반드시 100억 부자가 되어야 한다.

부와 행복은 대물림되어야 한다

나만 부자가 되어서는 안 된다. 내 자녀에게도 부가 반드시 대물림되도록 해야 한다. 자녀에게 가장 먼저 경제 및 금융 교육을 시켜야 한다. 부모가 먼저 경제 및 금융 교육에 대해 공부하고, 자녀와 일주일에 한 번씩 경제 및 금융 교육에 관해 대화하는 시간을 갖자.

대학교에 가는 공부보다 더 중요한 것이 바로 경제 및 금융 교육을 가정에서 시키는 일이다. 미국 연방준비제도 이사회 의장을 역임한 앨런 그린스펀은 "문맹은 생활에 불편할 따름이지만, 금융 문맹은 생존이 달린 문제다."라고 말했다. 학교 교육보다 더 중요한 생존 교육이 바로 금융 교육이라는 점을 명심해야 한다.

사교육에 막대한 돈을 투자하는 가정이 너무도 많다. 공부는 본인이 스스로 해야 그것이 진짜 공부다. 일찍부터 사교육을 시켜봐야 고등학교에 가면 별 차이가 없다. 가성비가 너무 떨어진다. 그 돈을 재테크에 투자하면 수억에서 수십억 원으로 만들 수 있다. 차라리 자녀에게 경제 및 금융 교육을 시키고 자녀에게 투자금으로 1억을 주는 것이 훨씬 좋다고 생각한다. 자녀는 금융 교육을 바탕으로 그 돈을 나중에 수백억 원으로 불릴 수 있다.

경제 및 금융 교육은 중학교 때부터 주식을 선물해 주면서 시작한다. 가치 투자의 대가 워런 버핏은 11세부터 주식에 투자했다. 가급적 일찍부터 금융 교육을 시키고 주식 투자를 유도하자. 약간의 자금을 주면서 주식 투자를 하도록 한다. 처음에 소액을 투자하게 하면서 손실과 이익을 경험하게 하자. 그리고 주식 투자에 대해 서로 의견을 교환하는 시간을 갖자. 그것이 부모가 자녀에게 줄 수 있는 최고의 정신적 유산이다.

재테크를 모르는 사람과는 연애도 하지 마라

자본주의 사회에서 우리는 살고 있다. 자본주의 사회에서 재테크를 모르면 가난하게 살 확률이 매우 높다. 두 사람이 만나 행복하게 살아야 하는데 가난하게 산다는 것은 고통 속에서 산다는 의미가 된다. 인생이 고통의 연속인데 거기서 행복을 추구할 수 있을까? 일부는 행복을 추구할 수도 있겠지만 대부분 행복을 느끼기는 어려울 것이다.

연애 상대를 선정할 때도 재테크에 관해 기본적인 소양이 있는 사람을 선택하는 것이 좋다. 재테크에 문외한인 사람과 연애해서 결혼하게 되면 부자로 사는 데 큰 난관에 직면하게 된다. 두 사람 모두 재테크에 문외한이라면 가진 재산을 모두 날릴 위험성이 매우 크다. 또 한 사람은 재테크에 충분하고 올바른 지식을 가지고 있지만 한 사람은 재테크를 매우 위험한 것으로 생각하여 극구 반대한다면, 부부간의 불화만 키워서 제대로 재테크를 할 수가 없다. 역시 가난하게 살 수밖에 없다.

많은 경우 두 사람 모두 재테크에 문외한인 경우가 많다. 내가 아는 어떤 분은 주식에 빠져 단타를 하다가 건물 한 채를 몽땅 날려버렸다. 재테크 공부를 제대로 하지 않고 섣불리 남을 따라서 주식에 투자하다가 전 재산을 날린 것이다. 주식을 도박하듯이 투기한 경우다. 두 사람이 모두 올바른 재테크 지식을 배우고 부자로 살겠다는 마음가짐을 가지는 것이 꼭 필요하다.

필자는 연애할 때 상대가 반드시 부자가 되려는 열망을 가졌는지 그리고 그에 따른 노력을 열심히 하고 있는지를 확인해야 한다고 본다. 특히 결혼을 생각한다면 더욱 그렇다.

필자가 이 책을 쓴 이유는 젊은이들에게 경제 및 금융에 관한 지식을 제공하기 위해서다. 이 책은 부자가 되는 방법을 분명하게 알려줌과 동시에, 기타 분야의 재테크에 대해서도 상세하게 설명하고 있다.

이 책은 주식 투자를 통해서 100억 부자가 되는 방법을 알려주는 것이 핵심 포인트다. 그럼에도 불구하고 다른 재테크 분야도 설명하는 이유는 첫째, 어느 정도 부가 쌓이면 반드시 안전자산으로 분산 투자하는 것이 필요하기 때문이다. 둘째, 남이 펀드, 선물, 옵션, 레버리지 등의 투자를 권유했을 때 부화뇌동해서는 안 된다는 뜻에서 소개한 것이다. 내가 남의 말에 휘둘리지 않고 중심을 잡기 위해서는 다른 분야의 재테크 지식도 함께 갖고 있어야 한다. 셋째, 자신의 자산을 지키기 위해서는 거시경제의 변화에 따라 위험자산과 안전자산, 현금성 자산의 구성에 적절한 변화를 주어야 한다. 그렇게 하기 위해서는 위험자산, 안전자산, 현금성 자산이 무엇인지 잘 알아야만 하기 때문이다.

2.

100억 부자, 주식 투자가 답이다

하루빨리 주식 투자를 시작하라

필자가 여러분에게 부자가 되는 방법으로 권하는 것은 '하루빨리 주식 투자를 시작하라!'는 것이다. 주식 투자는 우리가 부자가 될 수 있는 최고의 방법이다. 재테크 방법에는 여러 가지가 있다. 부동산, 채권, 금, 대체자산, 선물, 암호화폐 등에 투자할 수 있을 것이다. 하지만 일반인들에게 가장 좋은 재테크 방법은 '주식 투자'라고 확신한다.

모든 면에서 따져봤을 때 주식처럼 누구나 쉽게 접근해서 투자할 수 있는 것은 없다. 사전에 충분히 공부만 한다면 주식 투자가 다른 재테크와 비교했을 때 가장 무난하면서 수익성도 우수하다. 이 책에서 언급한 내용만 잘 알아도 주식 투자에 어려운 점은 없다. 필자가 제시한 주식 투자 원칙과 실패 원인 그리고 세계적인 주식 고수들의 주식 투자 원칙을 이해한다면, 주식 투자에서 성공할 수 있다. 특히 주식 투자의 실패 원인을 잘 분석해서 이를 반면교사로 삼는다면 크게 돈을 잃을 일은 없다.

주식 투자의 장점으로는 첫째, 부동산처럼 많은 돈이 필요하지 않다. 단돈 5만 원 혹은 10만 원 갖고도 얼마든지 투자할 수 있다. 주식 투자는 일반인들이 부자가 될 수 있는 가장 간편한 방법이다. 부동산 투자의 경우 최소 천만 원 이상의 돈이 필요하다. 목돈이 준비되어야만 투자할 수 있다. 또한 세금 문제, 건물의 유지관리, 세입자 관리 등 신경 쓸 게 많다. 둘째, 주식 투자는 한 번 매수하면 크게 신경 쓸 일이 전혀 없다. 그렇기에 직장에 전념할 수 있다. 셋째, 부동산은 환금성이 떨어지는 데 반해, 주식은 그렇지 않다. 원하면 즉시 현금화할 수 있다.

선물이라든가 암호화폐는 변동성이 매우 크다. 초보자가 안심하고 투자하기에는 적합하지 않다. 암호화폐의 경우 변동 폭이 90% 이상이다. 암호화폐 가격이 하락하는 경우 자신이 투자한 돈의 대부분을 날릴 수 있다. 물론 저점에서 투자했다면 수익이 크게 날 수도 있다. 암호화폐는 변동성이 매우 큰 만큼 투자할 때 매우 주의해야 한다.

중요한 것은 하루라도 빨리 주식 투자를 시작해야 한다는 점이다. 그 이유는 주식 투자를 빨리 시작할수록 빨리 부자가 될 수 있기 때문이다. 처음에는 다소 시행착오를 누구나 겪게 된다. 하지만 그것이 나중에 소중한 경험이 되어 성공적인 주식 투자로 이끌게 된다. 주식 투자로 부자가 되기 위해서는 필수적으로 많은 시간을 투자해야 한다. 예컨대 주식 투자 후, 20년 뒤에 부자가 된다고 가정해 보자. 지금 20대라면 40대에, 30대라면 50대에, 40대라면 60대에 부자가 될 것이다. 일찍 시작할수록 일찍 부자가 된다. 따라서 하루라도 빨리 주식 투자를 시작하는 것이 좋다.

최대한 절약해서 투자하라

어떤 젊은이는 자신의 월수입의 80% 이상을 매달 투자하고 있다고 한다. 20대부터 이러한 자세를 가진 젊은이라면 늦어도 50대 이후에는 틀림없이 부자가 될 것이라고 필자는 생각한다. 여러분은 어떻게 생각하는가? 부자가 되느냐 안 되느냐의 문제는 돈을 많이 버느냐 적게 버느냐의 문제가 아니다. 매달 자신이 번 돈을 얼마나 절약해서 투자하느냐에 달려 있다는 사실이다. 여러분은 이 말에 수긍하는가? 여러분이 한 달에 200만 원 정도만 꾸준히 60세까지 벌어서 매달 100만 원씩 한 달도 빠짐없이 계속 투자한다면, 60대 이후에는 100억대 부자가 될 수 있다.

젊었을 때는 최대한 절약해서 주식을 사서 모아야 한다. 점심 식사도 매일 밖에서 먹는 대신 가격이 저렴한 회사 구내식당을 이용하자. 백해무익한 담배는 아예 이 기회에 끊어버리자. 커피값도 아끼고 회사에서 무료로 이용할 수 있는 인스턴트 커피로 대신하자. 최대한 돈을 절약해서 주식에 투자하자. 자동차는 군이 살 필요가 없다. 한국의 대중교통이 얼마나 편리한가. 매달 나가는 불필요한 보험료도 줄이자. 사교육비도 과감하게 줄이고, 그 돈으로 투자해서 나중에 자녀에게 건네주자. 사교육을 전혀 하지 않고도 공부를 잘하도록 하는 방법은 필자가 쓴 『부모 자격 취득하기』 책에 다 나와 있다.

그 대신 30년간 직장에서 충실하게 일하자. 직장생활이 내가 100억 부자가 되는 가장 중요한 원천이라는 사실을 인식하고 직장생활을 해야 한다. 남보다 30분 먼저 출근하고 남보다 30분 늦게 퇴근하자. 회사생활을 할 때 주인의식을 갖고 일하자. 어떻게 하면 직장에서 더 일을 잘할 수 있을까를 생각하면서 일을 좋아하고 즐기는 사람이 되어야 한다.

내가 회사 사장이라는 마인드를 갖고 일하자. 상사가 시키는 일은 물론이고 남의 일도 도와주자. 항상 회사에 고마움을 느껴야 한다. 내가 100억 부자가 되려면 그 정도의 노력은 감수해야 한다.

부자가 되기 위해서는 투자를 해야 한다. 주식, 채권, 달러, 부동산, 기타 대체자산 등에 투자해야 부자가 될 수 있다. 매달 단돈 10만 원이라도 투자하는 습관을 지녀야 한다. 10만 원이 결코 적은 돈이 아니다. 삼성전자가 40년간 무려 4천 배가 올랐다고 한다. 초창기에 삼성전자에 단돈 10만 원을 투자했다면 지금 여러분은 무려 4억 원의 자산을 보유하게 된다.

암호화폐의 대장인 비트코인이 최근 1억 원까지 올랐다. 비트코인의 최초 가격은 3원이었다. 만약 비트코인 가격이 1만 원일 때 100만 원을 투자했다면 현재 여러분은 틀림없이 100억 부자가 되었을 것이다. 실제로 미국의 젊은이들은 초창기에 소액을 비트코인에 투자하여 수백억 부자가 된 친구들이 많이 있다. 여기서 필자가 말하려는 것은 적은 돈이라도 투자하면 부자가 된다는 사실이다. 물론 투자하기 앞서 재테크에 관해 공부를 하는 것이 필요하지만 말이다.

돈을 저축하지 말고 투자를 해야 한다. 많은 재테크 책을 보면 먼저 시드 머니를 모으라고 얘기한다. '1년에 3천만 원 모으기 플랜', '3년에 1억 원 모으기 플랜' 등 평소에 월급을 모아서 시드 머니를 일단 만들 것을 촉구하고 있다. 어느 전문가는 '풍차돌리기 적금'을 권하고 있다. 어느 면에서는 일리가 있는 말이지만, 이 역시 지구 반대편으로 한 바퀴 돌아가서 목표에 도달하자는 말과 일맥상통한다. 투자해야만 부자가 될 수 있다. 이것은 간단한 이야기지만 매우 중요한 이야기다. 돈을 투자해서 돈이 돈을 벌게 하는 것이 바로 부자가 되는 지름길이다. 하지만 실천하는 사람은 많지 않다. 매달 적은 금액이라도 투자를 하는 것이 얼마나 중요한 것인지를 뼛속 깊숙이 느껴야 한다.

지금 100만 원을 아껴서 투자하면 30년 후에 1억 원으로 불어날 수 있다. 지금 300만 원 혹은 500만 원을 투자한다면 나중에 3억, 5억의 자산으로 불어날 수 있다는 사실을 명심해야 한다. 이것이 투자의 매력이다. 여러분이 1달에 200만 원을 벌더라도 50%를 매달 투자한다면 50~60대에 큰 부자가 된다는 사실을 알아야 한다. 젊을 때 10만 원이 얼마나 큰돈인지를 빨리 깨달은 사람이 나중에 부자가 된다.

자신이 노동으로 돈을 버는 것은 한계가 있다. 아무리 열심히 일해도 어느 한계 이상으로 돈을 벌기는 어렵다. 하지만 투자하면 내가 일을 하지 않아도, 잠을 자는 순간에도 돈이 돈을 벌어다 준다. 매달 정기적으로 투자를 하면 어느 순간 내가 일을 해서 버는 것보다 투자해서 버는 돈이 더 많아지게 된다. 나중에는 돈이 벌어다 주는 액수가 기하급수적으로 늘어나게 된다.

적립식 투자가 부를 만든다

주가가 오르든 내리든 신경 쓰지 말고 매달 정해진 날짜에 투자하는 것이 중요하다. 매달 적립식으로 투자해야 평균 가격에 수렴하게 된다. 일시에 많은 돈을 저점에서 투자하면 큰 수익이 나겠지만 고점에서 투자하면 상당 기간 손실을 보게 된다. 그리고 원상회복을 하는 데 많은 시간이 걸리고 수익도 그만큼 줄어들게 된다. 그러므로 어떤 좋은 주식에 투자를 한다면 저점이 아닌 경우, 매달 적립식으로 투자를 하는 것이 가장 좋다. 적립식으로 매달 투자하면 주가 변동에서 매수가격을 낮추는 효과가 있다.

장기적으로 우상향한다는 확신을 가졌다면 10년이고, 20년이고, 30년이고 지속적으로 매달 적립식으로 투자를 하는 것이 승리하는 길이다. 한 달도 빠짐없이 매월 정해진 날짜에 일정한 금액을 지속적으로 투자하는 것이 주가 변동에서 리스크를 낮출 수 있다. 아무리 주가가 요동을 쳐도 10년에서 30년 동안 꾸준히 매달 투자한다면 나중에 큰 부자가 될 수 있다는 사실을 잊어서는 안 된다.

재테크에서 반드시 알아야 할 것은 72법칙이다. 72법칙이라는 것은 연 수익률이 1%일 때 원금이 2배 되는 시간이 72년이라는 의미다. 연 수익률이 2%라면 원금이 2배가 되는 시간은 72를 2로 나눈 36년이다. 매년 3%의 수익률을 올린다면 24년이고, 매년 10%의 수익률을 올린다면 7.2년이고, 12%라면 6년이다. 매년 15% 수익을 낸다면 원금이 2배가 되는 시간은 4.8년이다.

1억을 연 12% 수익률이 나는 곳에 투자했다면 6년 뒤에 2억이 되고, 12년 뒤에 4억, 18

년에 8억, 24년에 16억이 된다. 다시 30년 후에 32억이 되고, 36년 뒤에 64억이 되고, 42년 뒤에 128억이 된다. 이것이 복리의 마법이다. 연 15% 수익이 나는 곳에 1억을 투자했다면 5년 후면 2억이 되고, 10년에 4억, 15년에 8억, 20년에 16억, 25년에 32억이 된다. 다시 30년에 64억이 되고 35년 후에 128억이 된다.

애플은 10년간 수익률이 연평균 25%였다고 한다. 매년 25%의 수익률이 나는 곳에 투자한다면 3년 뒤에 2배, 6년 후에 4배, 9년 뒤에 8배, 12년 뒤에 24배, 15년 뒤에 48배, 18년 뒤에 96배가 된다. 다시 말해 1억을 연 수익률 25%가 나오는 곳에 투자한다면 18년 뒤에 96억으로 자산을 늘릴 수 있는 것이다.

100억 부자가 되는 프로젝트에서 우리가 기준으로 삼아야 할 것은 바로 72법칙이다. 이 복리의 마법을 이용해서 부자가 되는 것이다. 워런 버핏도 60대 이후가 돼서야 자산이 크게 불어나기 시작했다. 바로 복리의 마법 때문이다. 여러분도 이 복리의 마법을 잘 이용한다면 100억 부자는 물론 500억 이상의 자산가도 될 수 있다.

부자가 되는 지름길은 미국 ETF다

100억 부자가 되는 가장 간단한 방법은 바로 미국 ETF에 투자하는 것이다. 매달 자신의 수입의 50% 또는 100만 원 이상을 꾸준히 S&P500 ETF와 나스닥100 ETF 상품에 투자하면 여러분은 30~40년 후에 100억 부자가 될 수 있다. 가격이 오르든 내리든 상관없이 매달 정해진 날짜에 S&P500과 나스닥100 상품에 꾸준히 투자하면 된다.

S&P500 ETF는 미국에서 제일 잘 나가는 대기업 500개를 뽑아서 그 주가 변동을 지수로 표시한 상품이다. 항상 제일 잘 나가는 기업만 뽑아서 그 지수에 투자하기 때문에 굳이 내가 기업을 선정할 필요가 없다. S&P500의 연평균 수익률은 장기적으로 봤을 때 약 12% 정도 된다. 일시적으로 내릴 때도 있지만 10년 이상 장기적으로 보면 꾸준히 우상향하면서 연평균 수익률이 12%가 되기 때문에 걱정할 것이 없다.

나스닥100 ETF는 금융주를 제외한 미국의 대표적인 기술주들로 구성된 상품이다. 애플을 비롯하여 마이크로소프트, 아마존, 메타 등 미국의 대표적인 우량기업들로 구성되어 있다. 연평균 수익률은 장기적으로 봤을 때 약 15% 정도이다. S&P500에 비해 변동성은 크지만 수익률은 높은 편이다. 안정성을 희망하면 S&P500의 비중을 높이고 나스닥100의 비중을 줄이면 된다. 공격적인 투자자라면 나스닥의 비중을 크게 하면 된다.

ETF 상품도 주식이기 때문에 폭락장에 사면 수익률을 더 높일 수 있다. 평소에 100만 원씩 투자하다가 폭락장이 오면 더 많은 돈을 투자하는 것이다. 하지만 수십 년 장기 투자를 하는 사람에게는 지수 변동에 신경 쓰지 않아도 평균 수익률이 나온다. 지금부터라도 매달 100만 원 이상 S&P500 ETF와 나스닥100 ETF에 투자할 것을 추천한다. 가능하면 20대 초반부터 시작하자.

부모가 여유가 있다면 자녀 앞으로 1억 원을 ETF에 투자해 놓자. 그러면 자녀를 40~50대에 100억 부자로 만들어줄 수 있다. 100억 부자가 되는 데 특별한 기술도 재능도 필요하지 않다. 당신의 학력이 좋든 나쁘든 아무 관계가 없다. 자라온 환경이 좋았던 나빴던, 그리고 인성이 좋든 나쁘든 부자가 되는 데 전혀 문제가 되지 않는다. 평범한 사람이 부자가 되는 가장 확실한 방법은 미국 ETF 상품에 투자하는 것이다.

또 한 가지의 팁을 드린다면 서울 근교로 이사하고 여윳돈 1억 원을 빼서 미국 ETF 상품에 투자해 놓는다. 굳이 집에 1억 원을 묵혀놓을 필요가 없다. 노후에 100억 부자가 되는 것이 더 중요하다. 부모가 부자가 되면 자녀도 100%로 부자로 만들어 줄 수 있다. 자녀가 공부를 좀 못해도 부자로 사는 데 전혀 지장이 없다. 오히려 공부에서 해방되면 자녀의 인성이 좋아진다. 자녀를 성공적인 아이로 키우려면 인성이 좋아야 한다. 공부는 둘째다.

여기서 한 가지 더 중요한 사실이 있다. 그것은 여러분이 오래 살면 오래 살수록 자산이 더 늘어난다는 사실이다. 만약 여러분이 60대에 100억 부자가 되었다면, 80대에는 수백억의 자산가고 되고 90대 이후에는 1,000억 이상의 부자가 될 수 있다는 사실이다. 그러므로 여러분은 젊었을 때부터 건강관리에 신경을 써야만 한다. 60대에 100억 자산을 모았는데 70대에 사망한다면 얼마나 억울하겠는가.

돈은 버는 것이 아니라 지키고 불리는 것이다

주위를 돌아보면 한때 돈을 많이 벌었지만, 한순간에 벌었던 돈을 모두 날리는 경우를 자주 보게 된다. 대부분의 우리 인생이 그렇게 진행된다. 그것은 바로 인간이 갖는 한계 때문이다. 돈을 잘 버는 사람은 항상 계속 그렇게 돈을 잘 벌 것이라고 생각하고, 돈을 흥청망청 쓴다. 그러다가 어느 순간 사업이 어려움에 직면하면서 나중에 쫄딱 망한다.

평소에 돈을 잘 벌 때 그 돈을 잘 관리하고 잘 투자하면 평생 잘 먹고 살 수 있다. 하지만 대부분의 사람은 자산을 지키고 관리하는 능력이 부족하다. 그들이 하는 대표적인 실수는 평생 돈이 잘 벌 수 있다고 착각하는 것이다. 잘나가는 기간은 보통 5년 정도다. 길어야 10년을 못 넘긴다. 잘나갈 때 자산관리를 잘해야 평생 돈 걱정 없이 살아갈 수 있다.

돈을 많이 버는 것도 좋겠지만 그보다는 돈을 잘 관리하고 불리는 일이 더 중요하다. 돈을 적게 벌더라도 돈을 잘 굴리면 부자가 될 수 있다. 돈을 날리는 경우는 대부분 올바른 재테크 지식을 갖지 못해서 일어난다. 돈을 흥청망청 쓰거나, 주식에 잘못 투자하거나, 잘못된 곳에 투자하거나, 혹은 사기를 당하는 등 재산을 날리는 경우는 매우 다양하다. 우리가 명심해야 할 것은 돈을 많이 버는 것과 부자가 되는 것은 별개라는 사실이다.

여기서 우리가 알 수 있는 것은 내가 올바른 재테크 지식이 없다면, 나의 자산은 언제 어떻게 없어질지 모른다는 사실이다. 나의 재산을 잘 관리하고 증식시킬 수 있는 올바른 재테크 지식이 있어야만 남에게 나의 재산을 빼앗기지 않는다. 나의 재산을 노리고 주위에서 투자하라고 유혹을 한다. 그들의 유혹에 넘어가지 않고 내가 직접 나의 자산을 주도

적으로 굴릴 수 있는 능력을 갖추어야 한다. 내가 재테크 지식을 갖고 있지 않으면, 남에게 의지하게 될 가능성이 매우 높다. 재테크를 남에게 의존하는 것은 위험하기 짝이 없는 일이다.

한때 돈을 크게 벌었다가 한순간에 돈을 날리는 경우는 과도한 욕심과 자신이 잘 알지 못한 곳에 투자하는 것이 그 원인이다. 단시간 내에 더 크게 돈을 벌 욕심으로 모든 자산을 한군데 몰빵 투자한다. 아무리 수익성이 좋아 보여도 남의 말을 믿고 자신의 전 재산을 한 군데 투자해선 안 된다. 대부분 일이 뜻대로 되지 않아 돈을 모두 날리게 되기 때문이다. 결국 노후에 라면값이 없어서 하루하루를 힘들게 살게 된다.

필자가 아는 어떤 분은 오랫동안 분양 대행 사업을 해왔다. 그분은 상업용 건물의 분양권을 따기 위해 가진 전 재산인 90억 원을 투자하였다. 하지만 IMF 사태로 분양이 거의 되지 않아 그가 투자한 돈 전부를 날리게 되었다. 또 어떤 분은 사채놀이로 300억 원 가까운 돈을 모았다. 그분 역시 강남 개발 프로젝트에 300억 원을 모두 투자했다가 계획대로 되지 않아 돈을 전부 날리게 되었다.

직장생활을 열심히 하는 것이 가장 좋은 재테크다

장사나 사업에서 크게 성공해서 부자가 될 수도 있겠지만, 대부분 장사나 사업은 쉽지 않다. 한때 잘되다가도 어떤 사건이나 터지거나 불황 등이 갑작스럽게 닥쳐오면 어려움에 빠지게 된다. 불황이 장기간 지속되면 결국 크게 손해를 보고 폐업할 수밖에 없다. 장사나 사업은 리스크가 크고 덜 안정적이다. 올해 장사가 잘됐다고 해서 내년에도 잘된다는 보장이 없다. 장사나 사업은 외부의 변수에 매우 취약하다.

그에 비해 직장생활은 월수입이 고정적이고 오래 근무할수록 월급이 올라간다. 장기간 안정적으로 재테크를 할 수 있어 좋다. 특히 장기 투자로 부자가 되려는 사람에게 직장생활은 안성맞춤이다. 재테크를 오래 하려면 안정적인 수입이 뒷받침돼야 한다. 우리가 직장생활에 충실히 해야 하는 이유는 직장생활을 통해 내가 부자가 될 수 있기 때문이다.

월급을 많이 받지 않아도 충분히 부자가 될 수 있다는 점을 여러분에게 말씀드린다. 한 달에 200만 원 이상만 벌어서 50%를 주식에 꾸준히 투자하면 된다. 그러면 60대에 당신은 큰 부자가 될 수 있다. 월급을 많이 받으면 더 빨리 부자가 될 것이다. 하지만 설사 돈을 많이 벌지 않아도 월급의 50% 또는 100만 원 이상만 매달 주식에 투자한다면 누구나 부자가 된다. 중요한 것은 60세까지 매달 수입이 중단되지 않아야 한다는 점이다.

만약 사업을 꿈꾸는 젊은이라면 반드시 뚜렷한 사업목표와 장기적인 플랜을 갖고 사업을 해야 한다. 그리고 자신이 사업에 적성이 맞아야 한다. 사업을 시작할 때는 반드시 남과 다른 아이디어와 사업 아이템을 갖고 해야 한다. 남과 똑같은 생각, 똑같은 아이템을 가지고 하는 것은 너무 경쟁이 치열해서 살아남기가 쉽지 않다.

　여러분이 장사나 사업에 소질이 있고 원대한 계획을 가지고 있다면, 장사나 사업을 하는 것을 말리지는 않는다. 본인이 사업에 적성이 많지 않다면, 직장생활을 통해서도 얼마든지 부자가 될 수 있다. 직장에 들어가기 어려우면 맥도날드 햄버거 가게에서 아르바이트를 시작하면 된다. 고등학교만 졸업하면 얼마든지 취업할 수 있다. 한 달에 200만 원만 벌어도 충분히 100억 부자가 될 수 있다. 60세까지 매달 200만 원씩 벌어서 그중에서 100만 원을 투자하면 된다.

3.

주식 공부와
경제 지식이 투자의
첫걸음이다

거시경제를 잘 알아야 한다

경제를 크게 거시경제(macroeconomics)와 미시경제(microeconomics)로 나누어 볼 수 있다. 거시경제를 숲 전체라고 한다면 미시경제는 나무 하나하나를 가리킨다. 미시경제는 경제 주체(가계, 기업)들의 활동을 분석하는 것이라면, 거시경제는 국민총생산량, 국민소득, 고용, 투자, 물가, 국제수지, 환율, 금리, 원자재 등이 어떻게 움직이고 또한 경제 전반에 어떻게 영향을 미치는지를 분석하는 것을 말한다. 여기서는 거시경제의 요소들을 분석하고, 주식시장과 기타 경제 부문에 어떻게 영향을 미치는가에 관해 이야기해 보고자 한다.

금리

금리는 경제 전반에 엄청난 영향을 미치는 매우 중요한 요인이다. 여러분들은 항상 금리의 변화를 예의주시하고 이에 신속하게 대응해야 한다. 은행의 기준금리가 인상되면 주식과 암호화폐의 가격은 떨어지게 된다. 돈이 주식에서 은행으로 이동하는 현상이 일어난다. 은행에서 금리를 높게 쳐주면 굳이 리스크가 있는 위험자산에 투자할 필요성이 줄어들게 되기 때문이다. 또한 대출을 끼고 부동산에 투자한 사람들이 높은 대출이자 부담 때문에 힘들어진다. 따라서 부동산 가격도 폭락하게 된다.

금리가 인상되면 특히 기술성장주들이 크게 폭락하게 된다. 많은 투자자들이 벤처기업이나 기술주에 투자를 하지 않고 은행으로 돈을 이동시킨다. 기술주들이 많이 모여 있는 나스닥의 빅테크 기업들의 주가가 더 큰 폭으로 떨어진다. 성장주에도 큰 타격을 입게 된다. 기업도 늘어난 대출이자로 어려움을 겪게 된다. 또한 경기침체의 가능성이 높아진다.

금리가 인상되면 채권 가격도 떨어진다. 기존에 채권금리가 낮은 상태로 발행된 것은 기준금리가 인상되면서 경쟁력에서 밀리기 때문에 가격을 낮춰야만 팔리게 된다. 그러므로 금리가 인상될수록 채권 가격은 계속 떨어지게 된다. 금리가 최고조에 도달했을 때 채권을 가장 싸게 살 수 있다고 보면 된다. 따라서 돈이 채권으로도 이동하게 된다.

암호화폐에 대한 투자도 시들어지면서 암호화폐 가격도 폭락하게 된다. 암호화폐는 변동성이 크기 때문에 더욱 많이 떨어진다. 미국 기준금리를 인상한다는 발표가 나면 암호화폐에 투자했던 돈을 빼서 안전자산이나 현금자산으로 이동시키는 것이 현명하다.

금리가 인상될 때는 안전자산인 달러, 금 등으로 자산을 이동시킨다. 또한 고배당 ETF에 투자하는 것도 좋다. 고배당주는 일반 주식에 비해 주가가 적게 떨어진다. 고배당주는 일반 주식에 비해 변동성(volatility)이 적은 편이다.

금리가 하락하는 경우 주가가 서서히 오르기 시작한다. 이때 평소에 봐두었던 주식에 투자하면 좋다. 금리가 하락하면 대출을 받아 부동산에 투자하게 되므로 부동산 가격도 올라가게 되며 암호화폐도 상승하게 된다. 나스닥의 기술주나 성장주도 상승한다.

미국의 기준금리가 인상되면 한국의 기준금리도 인상할 수밖에 없다. 그 이유는 한국이 금리를 인상하지 않으면 한국 주식에 투자했던 돈이 금리가 높은 미국으로 빠져나가기 때문이다. 외국인이 돈을 빼면 주가가 폭락하게 되고 달러는 강세를 보이게 된다.

시중금리가 높다가 금리가 하락 조짐을 보일 때 채권에 투자하거나 리츠에 투자하는 것이 좋다. 금리가 하락하면 고금리 채권은 매매차익을 얻게 된다. 현재 표면금리가 6%인 채권을 산 후 금리가 3%로 하락하면, 채권은 3%를 뺀 나머지 3%의 매매차익을 얻게 된다. 리츠는 금리변동과 상관없이 임대 수익은 크게 변하지 않는 경향이 있다. 금리가 하락하면 부동산 가격도 오르게 되는데 그렇게 되면 투자 자산의 가치가 상승하고 동시에 리츠의 이자 수익도 꾸준히 올릴 수 있어 좋다.

환율

각종 경제 위기가 발생하면 외국인들은 국내에서 자금을 빼서 달러로 환전하게 된다. 달러 수요가 급증하면서 원·달러 환율이 급등한다. IMF 위기 때 엄청난 달러 강세를 보였다. 또한 세계 경제 위기가 발생할 때도 달러 수요가 늘어나서 달러가 강세를 나타나게 된다.

세계 각국은 눈에 보이지 않게 자국의 화폐가치를 낮추려고 노력한다. 자국의 화폐가치가 낮아지면 상품을 싸게 팔 수 있어 타국과의 수출 경쟁에서 매우 유리하기 때문이다. 일본이 잃어버린 30년이 온 이유도 플라자 합의(Plaza agreement)를 통해 미국의 엔화 절상 압력에 굴복했기 때문이다. 엔화 가격이 오르자 수출단가가 오르게 되면서 일본상품의 경쟁력이 급속히 떨어지게 되었다.

국내 주식이 하락하면 외국인들이 국내 주식을 팔고 달러로 환전하기 때문에 달러가 강세를 보이게 된다. 반대로 국내 주식이 오르기 시작하면 외국인들이 달러를 원화로 바꿔서 국내 주식을 매수하게 되면서 원화가 강세를 띠게 된다.

수출

우리나라는 수출로 먹고사는 나라다. 수출에 대한 의존도가 매우 높은 편이기 때문에 수출이 경제에 미치는 영향이 크다. 수출이 늘어나면 주가도 오르게 된다. 수출이 줄어들면 주가도 내려가게 된다. 수출이 증가하면 외환보유고가 증가하면서 원화가 강세가 된다. 주가를 예측할 때 수출 동향을 미리 살펴보는 것이 중요하다.

인플레이션

물가가 상승하면 대체자산의 투자가 유리하다. 인플레이션은 돈의 가치가 하락하는 것을 의미한다. A라는 물건이 한 개에 1,000원이었다가 어느 순간 2,000원이 되면 돈의 가치가 반으로 줄어든 것이다. 이런 경우 돈을 가지고 있는 것보다는 물건을 가지고 있는 것이 매우 유리할 것이다. 따라서 물건에 투자하는 것이 인플레이션에서는 현명한 투자법이다.

다시 말해 인플레이션이 발생하면 금융자산보다는 실물자산에 투자하는 것이 좋다는 것이다. 실물자산은 눈에 보이는 자산을 말하는데 여기에는 금, 은, 부동산, 곡물, 원자재, 미술품, 광물 등을 말한다. 물가가 상승하면 이러한 실물자산의 가격이 오르는데 이러한 인플레이션을 헤지(hedge)하기 위해 금, 은 등 실물자산을 보유하는 것이 좋다.

전쟁

전쟁이 나면 주가는 하락하게 된다. 전쟁으로 인해 물자가 원활하게 이동하지 못하게 되면서 원자재나 곡물 가격 등이 상승할 수 있다. 그로 인해서 각종 물가가 상승하게 된다. 전쟁으로 인해 어떤 분야가 위축이 되고, 가격이 상승할 것인지를 잘 파악해야 한다. 전쟁의 여파로 발생하는 각종 피해를 최소화시키는 노력이 필요하다. 전쟁 시에는 안전자산인 채권으로 몰리게 되면서 채권 가격이 올라가게 된다.

전쟁으로 인해 달러의 가치가 올라가게 되고 비트코인의 중요성이 더욱 부각된다. 하지만 알트코인은 더욱 폭락하게 된다. 비트코인은 국경 이동이 자유롭고 세계 어디서나 찾을 수 있어 알트코인에 비해 비교적 안전한 자산이라고 할 수 있다. 반면에 금이나 달러는 외국으로 반출하는 데 많은 어려움에 부딪히게 된다. 국경 검문소에서 군인들에 의해 빼앗길 수 있기 때문이다. 따라서 비트코인은 위험자산이기도 하지만 안전자산이기도 하다.

외환위기/경제위기

IMF 사태 등으로 경제 위기가 발생하면 많은 부실기업들이 도산하게 되고, 경제에 큰 타격을 주게 된다. 이러한 경제 위기 때는 환율이 치솟고 주가는 대폭락하게 된다. 이러한 국가적인 위기가 발생할 때 공포를 이겨내고 헐값의 주식을 사면 나중에 큰 수익으로 돌아온다.

경제 위기가 오면 망하지 않을 우량주를 평소에 선별해서 기록해 놓았다가 과감하게 매수하는 전략을 취해야 한다. 내일이라도 국가가 망할 것 같은 공포가 온 세상을 뒤덮고 있을 때 현금을 동원해서 폭락한 주식을 쓸어 담는 용기가 필요하다. 따라서 현금자산을 항상 보유하는 것이 좋다.

경제 위기가 오면 환율이 폭등하고 부동산 가격은 대폭락하게 된다. 부동산은 50% 이하로 가격이 내려가게 된다. 이때 현금을 가지고 있는 사람은 부자가 될 수 있는 좋은 기회다. 현금을 가진 사람은 싼 가격으로 부동산을 살 수 있고 폭락한 우량주를 헐값에 매수할 수 있다.

경제 위기가 발생하면 달러 환율이 대폭 상승한다. 이때 달러를 가지고 있는 사람과 수출을 하는 기업들은 환차익으로 어마어마한 수익을 올리게 된다. 이와는 반대로 수입을 하는 업체들은 고환율을 감당하지 못해 파산하는 업체가 속출하게 된다.

경제 위기를 견디지 못한 업체가 계속 파산하면, 또한 새로운 기회가 된다. 경제 위기가 극에 달해 많은 업체들이 문을 닫았을 때, 이때 새로 사업을 시작하는 업체는 황금 같은 기회가 주어진다. 모든 경쟁자가 다 사라진 무주공산의 상황이 되기 때문이다. 경제가 다시 회복되면 새로이 시작한 업체는 경쟁자가 모두 사라진 상황에서 독점적인 혜택을 누리면서 승승장구하게 된다.

경제가 혼란이 올 때는 금과 은의 가격이 폭등한다. 은은 금에 비해 변동성이 2배에 달한다. 즉 오를 때는 2배가 더 오르고 내릴 때는 2배가 더 내린다는 말이다. 금은 장식용에 주로 사용되지만 은은 장식용과 산업용에 반반씩 사용된다.

양적완화 정책

정부에서 시중은행이 가지고 있는 국채를 사들여 돈을 시중에 풀면 경제가 원활하게 돌아간다. 풀린 돈은 주식시장으로 들어가면서 주가가 상승하게 된다. 또한 부동산 자금으로도 흘러 들어가면서 부동산 가격이 상승한다. 시중에 많은 돈들이 주식과 부동산에 몰리게 되기 때문이다. 반대로 긴축정책을 취하게 되면 주식과 채권 가격은 떨어지고 금, 은, 원자재 등은 가격이 오른다.

M0(본원통화): 한국은행에서 발행하여 유통되는 화폐의 양(민간 보유현금+시중은행 지급준비금)

M1(협의통화): 본원통화 + 즉시 현금화할 수 있는 것(수시입출금예금, 수표, MMF, CMA)

M2(광의통화): 뉴스에 나오는 통화량 의미. 협의통화+(2년 미만 정기예금, CP, RP, 수익증권)

미국 소비자물가지수(CPI, Consumer Price Index)

미국 노동부에서 발표하는 지수로 소비자물가지수(CPI)가 높으면 금리를 인상해서 시중에 돈을 흡수하여 물가를 잡는다. 물가가 떨어지면 금리를 인하하게 되며 주가가 상승하게 된다. 또한 고용이 강하게 유지되면 임금이 오르고 이것으로 인해 소비력도 상승하여 물가가 오르게 된다. 또한 미국의 실업 수당의 청구 비율을 통해서 경기가 좋고 나쁨을 판단하는 지표로 사용하기도 한다. 즉 경기가 나쁘면 실업자들이 늘어나면서 실업 수당을 청구하는 사람들이 증가하게 된다.

미국 PMI지수(Purchasing Managers' Index)

미국 구매관리자지수. 기업의 구매담당자들을 대상으로 생산, 주문, 재고, 고용, 가격 등을 조사하여 0~100으로 표시한다. PMI지수가 50 이상이면 경기 확장기이며, 50 미만이면 경기 침체기라고 말할 수 있다. PMI지수가 50 이상으로 올라가면 경기가 회복하는 것을 의미하기 때문에 주식을 매수하는 것이 좋으며, 50 미만이면 주식에서 채권으로 이동시키는 것이 좋다.

투자자라면 꼭 알아야 할 주식 분류

주식의 특징에 따라 주식을 분류하는 것은 주식 투자자라면 반드시 알아야 할 사항이다. 주식 투자를 하기에 앞서 그 종목이 어떤 성격의 주식인지를 파악하고 투자해야만 손실을 미연에 방지할 수 있다. 특히 급등주와 작전주는 위험성이 많이 수반되는 만큼 신중하게 접근해야 한다. 또한 사이클 산업의 경우 하락 추세에 있지 않은지 잘 살펴보고 투자하는 것이 좋다. 경기민감주의 경우 고점에서 매수하는 경우 장기간 손실을 볼 수 있다는 점을 유의해야 한다.

경기민감주(경기수혜주)

경기에 따라 주가가 변동하는 주식을 말한다. 경기가 좋으면 주가가 상승하지만, 경기가 나빠지면 주가가 심하게 하락한다. 불황기가 시작되는 시기에 이러한 주식에 투자하게 되면 오랫동안 물리거나 혹은 큰 손실을 볼 수 있다. 대표적인 산업으로 제조업이 여기에 해당한다.

경기민감주는 경기 사이클에 따라 가격의 변동 폭이 심하다. 반도체, 건설, 조선, 석유화학, 제지, IT(정보기술), 자동차, 여행, 항공, 운수, 철강, 물류, 소비재, 외식산업, 정유산업 등이 대표적이다. 경기민감주는 호황기에 고점에서 사게 되면 오랫동안 하락으로 인해서 엄청난 손실을 초래하게 된다. 따라서 반드시 저점에서 사는 것이 중요하다.

그중에 한 예가 대형 해운회사인 HMM(과거 현대상선)이다. 현대상선의 경우 과거 10년간 주가 변동을 살펴보면 2014년에 최고 15만 원까지 올라갔다가, 그 이후 장기 불황에 빠지면서 계속 하락하여 주가가 무려 2천 원까지 떨어졌다. 2021년 다시 5만 원 선까지 올라갔다가, 지금은 2만 원 미만에서 머물고 있다. 만약 HMM 주식을 2014년에 샀다면 현재까지 원금을 회복하지 못하는 상태다. 원금회복에는 10년, 혹은 수십 년이 걸릴지도 모른다. 아니면 이번 생애에는 다시 원금회복을 할 수 없을지도 모른다. 그러나 최저점인 2천 원에 샀다면 10배 정도의 수익을 올렸을 것이다.

따라서 사이클 업종에 투자할 경우, 현재 그 종목이 어떤 사이클에 와 있는지를 면밀하게 살펴봐야 한다. 경기가 좋을 때인지 안 좋을 때인지를 잘 살펴보고 투자해야 한다. 업종마다 사이클 주기가 다르다. 조선업의 사이클 주기는 10년으로 보고 있다. 반도체의 경기 사이클 주기는 4년이다. 경기민감주를 살 경우에는 가급적 불황기에 사서 호황기에 매도하는 전략을 취하는 것이 바람직하다. 반드시 저점에서 분할 매수하는 것이 현명하다. 또한 한 종목에 몰빵투자를 하지 말고 좋은 기업을 골라 3~5종목에 나눠서 분산투자 하는 전략이 필요하다.

경기둔감주(경기방어주)

다른 종목에 비해 경기 변동에 크게 영향을 받지 않는 주식을 의미한다. 경기 변동에 둔감하기 때문에 경기둔감주라고 말한다. 불황이 오더라도 소비를 해야 하는 업종들인데 가스, 전기, 철도, 식품, 의약품 등 공공재 및 필수소비재들이 여기에 해당한다. 호경기에는 다른 종목은 크게 주가가 상승하지만, 경기둔감주는 크게 오르지는 않는다. 그리고 불경기가 오더라도 주가가 하락하지 않고 안정적인 모습을 보인다.

테마주

정치적인 사건이나 이슈에 따라 주가가 일시적으로 변동하는 주식을 말한다. 여기에는 정치, 경제, 사회, 문화, 정책의 변화와 관련해서 주가가 등락한다. 예를 들면 코로나 사태로 이와 관련된 주가가 대폭 상승하거나, 대통령 선거 때 대통령 후보와 관련된 기업의 주가가 상승하는 것을 말한다. 또한 아파트를 많이 짓는다거나 부동산 활성화 정책이 발표되면, 그에 관련된 건설주들의 주가가 상승하게 된다.

테마주에 투자를 하는 경우 미리 사회현상의 변화를 빨리 파악하고 그와 관련된 업종을 파악해야 한다. 그리고 저점에서 사두었다가 가격이 폭등할 때 매도하는 전략을 취하는 것이다. 항상 신문을 보고 정부가 어떤 정책을 발표하는지 또는 사회적 이슈가 무엇인지 살펴보는 것이 중요하다. 또한 어떤 것에 사람들이 관심을 갖는지 파악해야 한다. 테마주 투자는 단기 투자의 대표적인 형태이므로 초보자들은 많은 주의가 필요하다.

2023년 테마는 태조이방원(태양광, 조선, 이차전지, 방위산업, 원자력)이었다. 대통령 선거철이 되면 정치 테마주에 투자하면 된다. 신도시 계획이 발표되면 건설주에 투자한다. 전기차가 화두인 시대에는 이와 관련된 2차전지 등에 투자하면 된다. 클라우드 사업이 각광받게 되면 클라우드 관련 업종에 투자를 하면 좋다. 이처럼 사회현상의 변화나 그시대의 사건과 사회적 이슈에 따라 주가가 급등하는 테마주는 네이버 등에서 검색하여 참고할 수 있다.

테마주는 기업의 실적과 크게 관계없이 주가가 변동하므로 주의해야 한다. 기업의 내재가치가 아닌 외부요인에 의해 주가가 일시적으로 상승하는 형태를 보이는 것이 특징이다. 대중의 관심 일시적으로 몰릴 때 순간적으로 급등하다가 급락하는 형태를 보이기 때문에, 일반인들이 여기에 참여하는 것은 리스크가 크다는 점을 알아야 한다. 테마주에 잘못 따라 들어갔다가 고점에서 물리게 되면 원금회복이 어려울 수가 있다.

작전주
파산 직전에 있는 기업의 주식을 인위적으로 가격을 급등시킨 후, 여기에 따라붙는 개미들에게 주식을 팔아버리는 것을 말한다. 작전 세력들은 사전에 조금씩 어떤 기업의 주식을 사 모은다. 기업이 적자를 면치 못하고 앞으로도 희망이 안 보이는 상황인데, 갑자기 그 기업의 호재 뉴스가 나오면서 주가가 급등하기 시작한다. 이 호재 뉴스는 작전 세력들이 퍼뜨린 가짜 뉴스다.

주가가 상승하면 개미들은 정말 호재가 있는 것으로 판단하고 이 주식을 사들이기 시작한다. 작전 세력들이 주식을 계속 사들여 주가를 급등시킨다. 주가는 계속 상한가를 치게 되고, 작전 세력들은 자신의 물량을 서서히 팔아치운다. 결국 작전 세력들이 가진 주식을 모두 팔아치우면 주가는 곤두박질치게 되고, 이로 인해 개미들은 큰 손실을 보게 된다. 하지만 작전 세력들은 짧은 시간 안에 큰돈을 벌게 된다.

회사의 내재가치가 형편없고, 적자가 나고 있으며, 미래에도 크게 좋아질 가능성이 전혀 없는 회사에는 얼씬하지 않는 것이 좋다. 주식 투자자들이 이러한 작전주에 속아 돈을 날리는 경우가 부지기수다. 작전주 세력에 말려들지 않기 위해서는 펀더멘탈이 부실한 기업의 주식은 아예 투자 종목에서 배제하는 것이 가장 좋은 방법이다.

주도주

시장의 지수 상승을 이끄는 산업이나 기업의 주식을 말한다. 기관투자가들의 돈이 가장 많이 쏠리는 주식이 바로 주도주다. 테마주에서 가장 주목받고 있는 주식으로 매출액과 이익 상승률이 가장 높은 주식이다. 소위 시장에서 현재 가장 핫한 주식을 말한다. 주도주는 또한 시장 중심주라고 말하기도 한다. 현재 돈이 어느 곳에 몰리고 있는지를 파악해서 단기적으로 투자했다가 돈을 빼는 방법을 사용한다.

가치주

기업의 가치보다 주가가 낮게 평가되어 있는 주식을 말한다. 불황 시기에는 가격의 하락 폭이 다른 주식에 비해 적거나 오히려 가격이 상승할 수 있는 주식을 말한다. 기업의 펀더멘탈이 좋고 배당을 많이 주는 것이 특징이다. 기업의 실질 가치가 현재 주식의 가격보다 낮게 평가된 주식을 찾아 투자한다. 대표적인 가치투자자로는 미국의 워런 버핏이 있다.

기타 주식 종류

성장주: 기업의 매출이 꾸준히 상승하는 주식

대장주: 그 업계에서 시장 점유율 1위 기업 주식

보통주: 회사의 주주총회에 참석하여 의결권을 행사할 수 있는 주식

우선주: 의결권은 없으나 배당 및 잔여재산 분배에서 우선하여 받을 수 있는 주식

자산주: 가치 있는 자산을 많이 보유하여 주당순자산이 주가보다 현저하게 높은 주식

공모주: 일반인들에게 공개 모집해서 발행하는 주식

사모주: 기존 주주에게 주식을 추가로 발행해서 자금을 모집하는 주식

대형주: 회사 자본금이 750억 이상인 주식

중형주: 회사 자본금이 350억~750억 미만인 주식

소형주: 회사 자본금이 350억 미만인 주식

잡주: 회사의 펀더멘탈이 부실하고 실적도 좋지 않은 주식

급등주: 갑자기 급등하는 주식으로 함부로 뛰어들어서는 안 된다.

배당주: 배당을 꾸준히 주는 주식

블루칩: 재무구조가 건실하고 안정적으로 수익을 내는 대형 우량주

옐로우칩: 재무구조가 건실하고 주가 상승 여력이 있는 중저가 우량주

턴어라운드(turnaround)주: 실적개선주. 적자에서 흑자로 전환되는 주식. 턴어라운드주식은 큰 폭

의 주가 상승을 기대할 수 있다.

유틸리티(Utility)주: 전기, 수도, 가스 등 에너지 관련된 산업군의 주식. 성장성은 높지 않으나 배당금을 많이 준다.

비유동주식: 대주주 등이 보유하여 시장에 유통되지 않는 주식

밈주식: SNS 등 온라인에서 입소문을 타고 유행하는 주식

양도제한조건부주식(RSU, Restricted Stock Unit): 자사주를 매입하여 직원에게 나눠주는 방식인데 적어도 3년에서 최대 10년간 팔 수 없도록 제한하고 있다. 회사에서 인재를 확보하고 장기근속과 장기적 성과를 유도하는 효과를 노리고 실시한다.

주의해야 할 주식 종목

1) 관리 종목

부도 사태나 영업실적 악화, 기타 상장 폐지 기준에 해당될 때 관리 종목으로 지정한다.

2) 감리 종목

주가가 단기간 가격제한폭 이상으로 급등 시 주의 환기 차원에서 감리 종목으로 지정하는데 6일간 상한가의 5배, 12일간 상한가의 8배 이상 오를 때를 말한다.

3) 투자유의 종목

자본잠식, 부도, 법정관리 등 기업의 상태가 좋지 않거나, 불성실 공시, 부정적인 감사의견, 유동성이 부족한 기업은 투자유의 종목으로 지정한다.

* 주의해야 할 종목으로 분류되면 주식이 어느 순간 휴지 조각으로 변할 수 있다는 점을 알아야 한다.

한국 주식과 미국 주식의 차이점

주식 투자를 하는 데 있어서 한국 주식만 고집할 것이 아니라, 미국 주식에도 관심을 가져야만 한다. 한국 주식이 세계 주식시장에서 차지하는 비율은 2% 미만인데 반해, 미국 주식은 무려 42%를 점유하고 있다. 미국에는 세계적인 기업들이 즐비하다. 한마디로 세계 최고 기업들이 미국에 몰려 있는 것이다. 주식 투자에서 미국 주식을 빼놓을 수 없는 이유다. 우리는 시야를 넓혀 미국 주식에 투자할 수 있는 역량을 키워야만 한다. 우선 한국 주식시장과 미국 주식시장의 특징을 살펴보자.

한국 주식시장의 특징

박스권 장세

한국 주식의 특징은 박스권 장세를 보인다. 그러므로 우량주라 하더라도 고점에서 사면 오랫동안 물리게 된다. 한국에서 우량주라고 해서 무조건 우상향할 것이라고 단정해서는 안 된다. 우량주를 매수할 때 그 종목이 박스권의 형태를 보이는지를 먼저 파악하는 것이 중요하다. 박스권 장세를 나타내면 고점에서 사면 안 된다. 기다렸다가 저점에 도달하거나 저점에서 반등할 때 매수하고 고점에 도달했을 때 매도해야 한다. 저점에서 분할매수를 하는 것이 좋다.

특히 코스피 지수의 경우 박스권 현상이 더욱 심하다. 그러므로 코스피 지수에 장기 투자하는 것을 크게 권하지 않는다. 보통 10년이 지나서 다시 원위치에 오는 경우가 많다. 이자는 고사하고 겨우 원금이 되는 그러한 투자는 바보가 아닌 다음에야 할 필요가 전혀 없다. 주식의 경우에도 박스권의 형태를 나타내는 주식은 피하고 반드시 미래에 우상향을 할 수 있는 미래 성장주에 투자해야 한다.

외국인과 기관이 좌지우지한다

우리나라 주식시장에서 외국인이 차지하는 비율은 30~40%이고, 기관이 차지하는 비율은 30% 정도라고 한다. 한마디로 외국인과 기관들이 한국의 주식시장을 좌우한다고 볼 수 있다. 따라서 외국인의 움직임을 살펴보는 것이 중요하다. 대형우량주는 물량이 크기 때문에 어렵지만 중소형주들은 외국인들이 얼마든지 좌지우지할 수 있다. 개인투자자들이 이러한 점을 이용하는 방법은 외국인이 자금을 투입했는지 살펴보고, 외국인 자금이 들어오면 같이 들어가는 것이다.

이때 잘못하면 고점에서 물려서 큰 손실을 볼 수 있기 때문에 개미들은 고도의 순발력이 요구된다. 전체적인 세력의 유입 물량을 보고 그 물량이 다 빠져나가기 전에 매도해서 내가 먼저 투자자금을 빼야 한다. 만약 제때 빠져나오지 못하면 오랫동안 자금이 물리게 된다. 장기간 저점에서 횡보하게 되면 이를 견디지 못한 개인투자자들은 눈물을 머금고 손실을 보고 나오게 된다.

외국인들은 중소형주를 자신들의 자금력과 정보력으로 좌지우지할 수 있지만, 짧은 시간 내에 수익을 올려야 하기 때문에 시간적 압박감을 가지게 된다. 반면에 개인투자자들은 시간적 여유가 많기 때문에 단기 투자보다는 장기 투자에서 승부를 보는 것이 유리하다.

한국 주식시장은 현금화가 매우 쉽고 거래하기도 간편하다. 정보력이 뛰어난 외국인들은 한국의 발달된 주식시장에서 마음껏 물량을 처분하고 거래할 수 있다. 주식시장이 적당히 크고 금융시스템도 발달되어 있어 다른 신흥국에 비해 주식 거래가 편리하다. 또한 한국 시장은 유동성이 좋아 자금 회수도 신속하게 할 수 있다. 여러모로 외국인들이 놀기에는 아주 좋은 시장이라고 말할 수 있다.

변동성이 심하다

한국 주식시장은 미국 주식시장에 비해 변동성이 높은 편이다. 한국은 실시간으로 거래가 가능하며 현금화도 매우 쉬워 단기적으로 변동성이 큰 편이다. 특히 외국인들이 공매도를 이용해서 단기적인 변동성을 높이고 있다. 공매도는 외국인과 기관들에게 유리하게 되어 있기 때문에 외국인들은 공매도를 이용해서 수익을 올리고 있다. 한국은 금융시장이 잘 발달되어 있어 다른 신흥국의 손실에 대한 헤지(hedge)하는 시장으로 이용하고 있다. 공매도는 장단점이 있기 때문에 개미들은 공매도의 장단점을 잘 활용하는 전략이 필요하다.

한국 주식시장은 떨어질 때는 한없이 떨어지고, 올라갈 때는 한없이 올라가는 경향이 있다. 미국 주식시장은 오르고 내리는 데 어느 정도 한계가 있어서 물타기를 하기에 좋다. 하지만 한국 주식시장은 변동성이 크기 때문에 어디까지 떨어질지 아무도 모른다. 그러므로 떨어질 때 물타기 한답시고 들어갔다가는 오랫동안 크게 물리게 되는 경우가 많다.

세계 경제와 환율에 영향을 많이 받는다

한국 경제는 수출에 많이 의존하고 있다. 따라서 세계 경제 변화에 민감하게 영향을 받게 된다. 전 세계에 많은 상품을 수출하면서 세계 각지에서 일어나는 국제적인 사건에 따라 직접적인 영향을 받을 뿐만 아니라 여러 가지 경제에 큰 영향을 미친다. 수출이 증가하면 주가가 오르고 수출이 감소하면 주가는 하락하게 된다. 수출은 또한 환율과 직접적인 연관이 있다. 환율이 오르면 수출이 증가하고 환율이 내리면 수출이 감소하게 된다. 국제사회에서 일어나는 사건에 한국 경제가 민감하게 영향을 받게 되므로 이를 주목할 필요가 있다.

한국 주식은 디스카운트되어 있다

한국의 주가 수준이 다른 국가에 비해 낮은 현상을 코리아 디스카운트라고 말한다. 대표적인 원인으로는 회계상의 투명성의 부족을 지적하는 사람이 많다. 재무제표를 액면 그대로 믿지 못한다는 사실이다. 기업의 분식회계는 어제오늘의 이야기는 아니지만 하루빨리 이를 시정하여 일반 투자자들이 안심하고 투자할 수 있도록 해야 한다. 그러면 주가도 제대로 평가받게 될 것이다.

기업의 후진적인 지배구조도 주가가 오르는 데 한계를 가지고 있다. 소수의 재벌에 의해 기업이 지배되어 있다 보니 일반 주주들의 이익이 무시되기 일쑤다. 과다한 상속세를 회피하기 위해 오너는 주가가 오르는 것을 바라지 않는다. 또한 경영이 투명하지 못하고 주주들을 위한 친화적인 정책을 펴고 있지 않다. 주주들을 무시하는 지배주주의 횡포가 코리아 디스카운트에 한몫하고 있다.

낮은 배당률

한국의 배당 성향은 다른 선진국이나 신흥국에 비해 낮다. 배당이 낮다 보니 장기 투자에 대한 유인책이 떨어지고 있다. 한국 배당이 최저 수준에 머물러서 주가 하락 시 제대로 주가를 지지해주지 못하고 있는 형편이다. 한국도 선진국 수준의 배당이 이루어지면 안정적으로 장기 투자를 할 수 있을 것이다.

모멘텀 시장

모멘텀이란 추진력을 말하는 것으로 추세 강도를 나타낸다. 상승이나 하락의 강도를 의미하는데 앞으로 얼마나 더 오르고 더 내릴 수 있는지 예측하는 데 사용된다. 한국시장은 호재가 생기면 한없이 올라가고 악재가 생기면 한없이 내려가는 모멘텀 시장이다.

미국 주식시장의 특징

펀더멘탈이 튼튼하다

미국 주식시장은 펀더멘털이 튼튼하고 항상 중상위권을 유지하고 있으나 한국 주식시장은 한번 떨어지면 계속 떨어져서 개인투자자들에게 심한 고통을 안겨주는 것이 특징이다. 미국은 밸류에이션(가치 평가)에 의한 시장이나 한국은 모멘텀 시장이다. 미국에는 세계적인 기업들이 많다. 각 분야에서 세계를 리드하는 기업들이 포진하고 있다. 미국의 주식시장은 매우 크며 안정적이고 유동성이 높다.

미국 주식은 꾸준히 우상향한다

미국 주식은 꾸준히 우상향하기 때문에 장기 투자를 하는 데 좋다. 미국의 유명 투자가들은 우량주를 수십 년씩 보유하면서 수백 배의 수익을 올린다. 미국의 한 남자가 한화로 650만 원 정도 되는 돈을 여러 군데 주식에 투자한 후 사망했다. 그로부터 10년이 지난 시점에서 부인이 주식을 발견해서 주식 가치를 파악해보니 9억 5천만 원으로 불어났다고 한다. 일부 주식은 상장 폐지된 주식도 있었다고 한다.

또 미국의 90세가 된 한 노인이 주유소에서 오랫동안 아르바이트로 일하다가 사망했다. 허름한 옷차림를 하고 소박한 집에서 검소하게 생활하면서 혼자 지내는 노인이었다. 그 노인이 죽은 후에 집에서 90억 원이 넘는 주식이 발견되었다고 한다. 아마도 꾸준히 주식을 사서 팔지 않고 보유했던 것으로 추측되었다.

배당을 많이 준다

미국의 기업들은 주주들을 만족시키기 위해 노력을 한다. 그 일환으로 배당을 매년 올리는 기업들이 많이 있다. 미국 기업들은 주주를 사업 동업자로 생각하기 때문에, 주주를 극

진히 대우한다. 배당을 좋아한다면 미국 고배당주에 투자하는 것을 고려해보는 것도 좋다.

미국 기업은 투명하고 안전하다

미국 기업은 투명하기 때문에 믿을 수 있다. 그리고 외부의 리스크에 비교적 안전하다. 한국 주식시장은 세계 경제의 영향을 많이 받지만, 미국은 외부의 영향을 크게 받지 않는다. 소유와 경영이 분리되어 장기적으로 투자하기에 좋다. 미국 기업은 신뢰성이 높으며 주주의 이익을 위해 노력한다.

투자 필승의 차트 활용법

차트만 보고 투자를 해선 안 된다

우리는 차트를 보고 주식 투자에서 활용할 수 있는 것은 무엇인가를 잘 배워야 한다. 차트를 통해 주가의 변화, 추세, 이동평균선, 고점, 저점, 거래량 등을 파악할 수 있다. 차트의 단점은 기업의 내재가치를 파악할 수 없다는 점이다. 따라서 차트를 적절하게 활용하되, 차트만 100% 의존해서 주식 투자를 하는 것은 바람직하지 않다. 보통 단기 투자하는 사람들이 차트만 보고 거래를 한다.

주가의 변동 및 고점과 저점을 파악한다

차트는 과거의 주가의 흐름을 나타내주는 그래프이다. 이 그래프를 통해서 과거의 주가 변동 상황을 파악할 수 있다. 따라서 앞으로 어떤 시점에서 거래할지 결정하는 데 차트를 사용하는 것이 좋다. 차트를 보고 장기적인 추세를 파악하고 지금 주가가 고점이 아닌지 또는 저점의 가격이 얼마인지를 파악하는 데 사용한다. 가장 중요한 것은 차트를 통해 그 종목의 최저가가 얼마인지를 파악해야 한다는 점이다. 나의 돈을 잃지 않기 위해서는 아무리 좋은 주식이라고 하더라도 싸게 사는 것이 중요하기 때문이다.

최저가에 도달할 때까지는 적은 돈을 투자하다가 최저가에 이르렀다고 판단되면 본격적으로 투자를 하는 것이 내 돈을 잃지 않는 최선의 길이라는 것을 명심해야 한다. 주식 투자에서는 절대 조급하게 해서는 안 된다. 주식은 평생 하는 것이기 때문에 얼마든지 기회는 온다는 사실을 잊어서는 안 된다.

추세를 파악한다

차트를 통해서 지금 주가가 하락 추세에 있는지 아니면 상승 추세에 있는지를 파악하는 것이 중요하다. 만약 주가가 계속 하락하고 있다면 투자에 신중을 기해야 한다. 한국 주식은 어디까지 내려갈지 아무도 모른다. 고점에 비해 싸다고 잘못 들어갔다간 한없이 내려가는 하락 추세에 상당 기간 돈이 물리게 된다. 그리고 언제 회복될지는 아무도 모른다. 만약 10년 이상 하락 추세가 계속된다면 여기서 버틸 수 있는 사람이 몇 사람이나 되겠는가.

매수하기 좋은 시기는 하락 추세가 끝나고 반등이 시작되는 때다. 완전 바닥을 찍고 횡보하다가 회복의 조짐이 보일 때 들어가는 것이 좋다. 예를 들어 고점이 20만 원이고 현재 바닥에 떨어져서 3천 원이라고 한다면 4~5천 원 정도 할 때 매수에 들어가는 것이 좋다는 말이다. 다시 말해 완전 바닥에서 반등하기 시작할 때를 노려서 매수 타이밍을 잡는 것이다. 주식이 상승 추세로 전환되었을 때가 주식을 매수하기 가장 좋은 시기라고 말할 수 있다.

거래량을 통해 세력의 움직임을 파악한다

차트와 함께 참고해야 할 것은 주식 거래량이다. 거래량의 그래프를 통해서 외국인과 기관 등의 세력들이 어떻게 움직이고 있는지를 파악할 수 있다. '가격은 속일 수 있어도 거래량은 속일 수 없다'는 말이 있다. 거래량의 추이를 보고 앞으로 세력들의 움직임을 포착할 수 있다.

다시 말해 세력들이 자금을 투입했는지를 파악하는 것이다. 매일 거래량을 보면 거래량의 급증을 통해 세력의 움직임을 읽을 수 있다. 세력이 움직이기 시작했다는 신호를 포착하면 이를 이용해서 같이 따라 들어가서 수익을 챙길 수 있다. 이러한 투자기법은 경험이 쌓여야 가능한 것이니 만큼 많은 노력이 필요하다. 초보자들은 안전한 투자를 위해 내재가치가 있는 종목을 골라서 하는 것이 바람직하다.

세력이나 외국인의 매수량이 서서히 늘어나거나 갑자기 늘어나면, 그 주가를 상승시키려는 의도라고 본다. 이러한 패턴은 조만간 상승을 예측하는 데 사용한다. 아울러 외국인의 주식 보유량을 파악하는 것은 단기매매에서 중요하다. 또한 기관들의 순매수량과 보유수량을 파악하는 것도 마찬가지로 중요하다.

세력이나 외국인 및 기관들이 매수할 때는 주가가 올라가고, 매도할 때는 주가가 떨어지는 것을 알 수 있다. 이러한 상황에서 수익을 올리는 방법은 외국인이나 기관이 매도하기 전에 먼저 팔아치우는 것이다. 경험이 많은 고수들은 성공확률이 높지만, 초보자들이 따라 하기에는 쉽지 않다. 차트를 보고 이러한 방식으로 투자하는 것은 초보자에게 권하지는 않는다. 안정적으로 돈을 버는 방법은 좋은 종목을 골라 저점에서 매수하여 고점에 파는 것이 가장 좋은 방법이며, 이러한 방식은 어떠한 변수가 오더라도 버틸 수 있다는 점이 장점이다.

차트의 단점

차트의 단점은 기업의 내재가치가 전혀 나타나지 않는다는 점이다. 그러므로 주식 투자에서 차트만 보고 투자하는 것은 바람직하지 않다. 차트와 함께 기업의 내재가치도 확인해야 한다. 기업의 재무구조가 탄탄한가를 보고 이어서 매출액과 순이익의 증가가 동반되는지를 파악해야 한다. 차트는 보조적으로 참고하는 선에서 활용하면 좋다. 반드시 기업의 재무제표, 미래 성장성, 경쟁력, 매출액 증가, 영업이익 증가, 거래량, 미래의 비전, 경영진 등을 종합적으로 판단해야 한다.

다시 한번 강조하지만 완전 고수가 아니면 내재가치가 없는 종목은 거래대상에서 제외하는 것이 좋다. 부실기업의 주가가 아무리 싸다고 해서 덜컥 매수해선 안 된다는 이야기다. 그 이유는 언제 상장 폐지가 될지 모르기 때문이다. 투자 대상으로 선정한 기업은 적어도 펀더멘탈이 비교적 견실하고 매출과 이익에서 긍정적인 결과가 나오는 기업을 대상으로 주식 투자에 나서야 한다.

특별히 단기 투자의 고수인 경우를 제외하고, 초보자들이 매일 호가창이나 차트를 보면서 일희일비해서는 주식 투자에서 크게 성공하지 못한다. 투자원칙을 세우고 원칙에 따라 감정을 철저히 배제하고 장기 투자를 해야 성공할 수 있다. 주가는 3개월에 한 번 혹은 6개월에 한 번 정도 보고 자신의 본업에 전념하는 것이 좋다.

한눈에 보는 차트 용어 정리

용어	설명
봉 차트(Candle Chart)	하루 동안의 주가의 가격을 봉으로 나타낸 것.
꼬리	봉 위에 올라간 윗꼬리는 장중 고가를, 봉 밑에 달린 아랫꼬리는 장중 저가 의미
양봉	종가가 시가보다 높게 끝난 경우 빨간색으로 봉을 표시한다. 주가 상승 의미
음봉	종가가 시가보다 낮게 끝난 경우 파란색으로 봉을 표시한다. 주가 하락 의미
장대양봉	시가와 종가를 비교했을 때 상승 폭이 커서 봉이 길게 나타난다.
장대음봉	시가와 종가를 비교했을 때 하락 폭이 커서 봉이 길게 나타난다.
헤드앤숄더(head and shoulder)	양어깨와 가운데 우뚝 솟은 머리 형태를 나타내는 것을 말한다. 상승하다가 정점을 찍고 하락하는 모양을 의미한다. 하락세를 예측하는 데 활용되고 있다.
역헤드앤숄더	헤드앤숄더의 거꾸로 된 모양. 상승세를 예측하는 데 활용되고 있다.
네크라인(Neck Line)	주가의 저점을 선으로 이어진 것을 말한다. 네크라인이 올라가면 주가 상승을, 반대로 내려가면 주가 하락을 나타낸다.
눌림목	주가가 계속 상승하다가 중간에 한 번 내려갔다가 다시 올라가는 현상
이동평균선	주가의 산술평균값을 차례로 연결한 선
5일 이동평균선	5일 동안이 종가들의 평균가를 나타낸다.(주가 평균치) 단기 추세선을 의미한다.(이동평균선에는 5일, 20일, 60일, 120일, 200일선 등이 있다.)
단기 이동평균선	5일, 20일 이동평균선
중기 이동평균선	60일 이동평균선
장기 이동평균선	120일 이상 이동평균선
주가 방향의 전환	이동평균선끼리 교차하면 주가의 방향이 바뀔 가능성이 높다.
추세선	주가의 흐름의 방향을 나타내는 선으로 상승 추세, 하락 추세, 횡보 추세 등이 있다. 저점끼리 연결한 선이 위로 향하면 상승 추세선, 고점끼리 연결한 선이 아래로 향하면 하락 추세선이라고 말한다.
상승 추세	새로 생성된 저점이 전 저점보다 높은 가격에서 형성
하락 추세	새로 생성된 고점이 전 고점보다 낮은 가격에서 형성
지지선	가격이 내려가다가 매입 세력에 의해 가격이 더 이상 하락하지 않는 것(저점 연결선)
저항선	가격이 오르다가 매도 세력에 의해 가격이 더 이상 상승하지 않는 것(고점 연결선)
일봉	하루 거래 가격을 표시한 것으로 1주일간은 주봉, 1달간은 월봉이라고 한다.
적삼병	3일 연속 상승하는 경우를 말한다.
흑삼병	3일 연속 하락하는 경우를 말한다.
거래량	주식시장에서 거래된 주식 거래량. 거래량은 주가와 비례한다.
정배열	제일 위에서부터 5일선, 20일선, 60일선, 120일선이 밑으로 배열된 형태로, 주가가 상승 시 5일선부터 상승하기 시작하므로 이러한 순서로 배열된 것을 말한다.
역배열	정배열과 반대로 제일 위가 120일선, 60일선, 20일선, 5일선 순서로 위에서 밑으로 나타낸다. 주가 하락을 나타낸다.
골든크로스(Golden Cross)	단기 이동평균선이 중장기 이동평균선을 위로 뚫고 올라가는 것을 말한다. 주가가 앞으로 상승한다는 의미로 간주한다. 매수 신호로 활용된다.

데드크로스(Dead Cross)	단기 이동평균선이 중장기 이동평균선을 아래로 뚫고 내려가는 것을 말한다. 주가가 하락한다는 의미로 간주한다. 매도 신호로 활용된다.
이격도	주가가 이동평균선(20일, 60일선)과 차이를 나타내는 것으로 이평선과 비교해서 지나치게 높으면 매도를, 지나치게 낮으면 매수를 한다.
볼린저 밴드	미국의 재무분석가 존 볼린저(John A. Bollinger)가 개발한 기술적 분석의 도구로, 박스권 매매 기법의 하나이다. 20일 이동평균선을 기준으로 상한선과 하한선을 만들어 주가가 그 밴드 안에서 움직인다고 본다. 상한선에 이르면 과매수 상태이며, 하한선에 이르면 과매도 상태로 간주한다. 밴드의 폭이 넓어지면서 상승 시 단기간 급등을, 밴드의 폭이 좁은 상태로 상승 시 대세 상승의 가능성이 높다고 말한다.
스토캐스틱(Stochastic)	일정 기간에서 고점과 저점을 잡고, 최고점의 주가를 100으로, 최저점의 주가를 0으로 정한다. 그리고 중간선(기준선)을 50으로 정한다. 그러면 현재의 주가가 어디에 속했는지 파악할 수 있다.
엘리어트 파동이론	주가에서 상승 파동은 5파(상승과 조정), 하락 파동은 3파(하락과 반등)로 움직인다는 이론
다우 추세이론	다우가 말하는 강세시장의 움직임은 매집국면→ 상승국면→ 과열국면으로 변한다고 말한다. 전문가들은 매집국면에서 주식을 사고 과열국면에서 주식을 모두 팔고 떠난다. 하지만 뒤늦게 확신을 가진 일반 투자자는 과열국면에서 매수를 시작한다고 얘기하고 있다. 따라서 사전에 그 주식이 오를 것을 예측해서 미리 사 두어야 한다는 의미다. 그래서 평소에 기업 공부가 필요한 것이다.
투자심리선	통상 12일 기준으로 상승한 날의 비율을 가지고 판단을 한다. 상승한 날이 3일이면 25%, 6일이면 50%, 9일이면 75%로 나타낸다. 25% 이하면 침체로 보고 매수하고, 75% 이상이면 과열로 판단해서 매도하는 것이다.

기업의 가치 분석과 주식 투자법 마스터하기

이 장에서는 기업의 내재가치를 분석하고 향후 매출액과 순이익의 증가가 계속될 것인지 분석하는 요령을 배우는 시간을 갖고자 한다. 여러분이 종목을 고를 때 반드시 살펴봐야 하는 것은 기업의 건전성 및 매출과 순이익의 증가이다. 업계 평균과 비교해서 여러 가지로 우수한 지표를 나타내는 기업이라면 투자를 고려해야 한다. 또한 주식 투자 방식에 따라 단기, 중장기, 장기 투자로 분류한다. 여기서 다루는 내용은 주식 투자에서 반드시 알아야 할 가장 중요하고 기초적인 내용이니만큼 완전히 숙지하는 것이 좋다.

기본적 분석(Fundamental Analysis)

질적 분석과 양적 분석으로 나눠진다. 질적 분석은 계량화가 불가능한 정치, 경기, 산업, 노사문제, 기업의 성장성, 경영 측면을 평가하고, 양적 분석은 경제지표, 산업지표, 재무제표 등 수치자료를 분석하여 주가를 예측하는 것을 말한다. 주로 기업의 내재가치를 분석하여 미래의 주가의 흐름을 예측한다. 또한 기업의 외적 요인과 내적 요인을 분석한다. 경제 및 산업분석을 통해 투자 유망업종을 선정하고, 기업의 내재가치를 파악해서 종목을 선정한다.

기술적 분석(Technical Analysis)

주가는 과거의 반복과 수급에 의해 결정된다는 가정하에, 과거의 주가와 거래량의 흐름을 분석하여 미래의 주가를 예측하는 방법이다. 주로 과거의 차트와 각종 보조지표를 사용하여 주가 변화 추세를 파악하고 미래의 주가를 예측하는 전통적인 분석 방법이다. 기술적 분석의 문제점으로는 과거의 형태가 지금과 일치한다고 말할 수 없고, 또한 오로지

시장의 변동 상황에만 중점을 둠으로써 주가 변동에 중요한 요소인 회사의 내재가치 등은 배제하고 있다는 점이 맹점으로 꼽히고 있다.

정량적 분석(Quantitative Analysis)

사업 전, 후를 숫자로 분석하여 주가를 예측하는 것으로, 기업의 큰 그림을 파악할 수 있다.

PER, EPS, BPS, ROE, ROA 등의 수치를 과거와 비교해서 분석한다.(퀀트 투자)

정성적 분석(Qualitative Analysis)

숫자가 아닌 말로 기업에 대한 만족도와 신뢰성, 느낌, 의견 등을 파악하여 주가를 예측하는 것으로, 숨겨진 사항이나 세부적인 사항을 파악하는 데 도움이 된다. 기업의 인지도, 브랜드, 직원의 태도 등을 파악하는 것이다.

성장성 분석

기업의 매출이 지속적으로 증가하는지를 파악하는 것이다. 기업이 향후 지속적으로 매출 신장을 이루지 못하면 성장성이 어둡다고 봐야 한다. 기업의 제품의 경쟁력과 수요 창출, 미래 경제 트렌드 등 다양한 각도에서 기업의 매출이 꾸준히 증가할 수 있는지를 분석하는 것이 중요하다.

기업 가치 분석 방법

밸류에이션(Valuation, 실적 대비 주가 수준)

기업의 현재 가치를 평가하는 것을 말한다. 기업의 매출, 이익, 현금 흐름, 증자, 배당 등 다양한 지표로 판단한다. 기업의 가치를 평가하는 방법으로는 PER, PBR, EV/

EBITDA 등을 사용한다.

밸류체인(Value Chain)

어떤 상품이나 서비스를 만들어내기 위해 관련된 일련의 과정. 원재료부터 생산과정 그리고 완제품에 이르기까지 관련되는 모든 과정을 말한다.

주당순이익(EPS, Earning Per Share)

당기순이익을 발행주식수로 나눈 것. 1주당 순이익을 나타낸다.

주가수익률(PER, Price Earning Ratio)

주가를 주당순이익으로 나눈 것. PER이 5이면 5년 뒤에 원금을 회복한다. PER이 낮을수록 원금회복이 빨라지며 좋은 주식이라 할 수 있지만, 절대적인 것은 아니다.

주당 순자산가치(BPS, Bookvalue Per Share)

순자산(총자산에서 부채를 뺀 것)을 발행주식수로 나눈 것으로 기업 청산 시 1주당 나눠줄 수 있는 자산 가치를 말한다. BPS가 높으면 재무 건전성이 높다고 본다.

주가순자산비율(PBR, Price Bookvalue Ratio)

주가를 주당순자산가치(BPS)로 나눈 것이다. 1주당 순자산비율을 말한다. PBR이 1이면 주가와 기업의 순자산가치가 같다는 의미다. PBR은 낮을수록 좋다.

자기자본이익률(ROE, Return on Equity)

당기순이익을 자본으로 나눈 것. 보통 15% 이상이면 좋다.

(당기순이익 / 자기자본) X 100

총자산이익률(ROA, Return on Assets)

순이익을 자산총액(자본+부채)으로 나눈 것

투자자본수익률(ROI, Return On Investment)

순이익을 총투자자산(자기자본+외부차입금)으로 나눈 것

EV/EBITDA(이브이에비타)

기업의 시장가치(EV, Enterprise Value)를 이자, 세금, 감가상각, 할부금(Earnings Before Interest, Tax, Depreciation, and Amortization)을 빼지 않은 금액(세전영업이익)으로 나눈 것을 말한다. 즉 시가총액을 영업이익으로 나눈 것을 말한다. 기업 가치가 이익의 몇 배인가를 나타내는 것을 말한다. EV/EBITDA가 3이라면 이익을 3년간 더하면 투자원금에 이르게 된다는 말이다. PCR과 함께 기업의 현금 흐름을 측정하는 데 사용된다. EV/EBITDA는 기업 가치를 평가할 때 사용되며, 수치가 낮을수록 저평가된 것으로 본다.

시장가치(EV) = 시가총액 + 순수차입금

에비타(EBITDA) = 세전영업이익(현금 수입)

주당현금흐름(CPS) = (당기순이익+감가상각비)/주식수

* 시장가치(EV, Enterprise Value, 기업가치)
* 주당현금흐름(CPS, Cash flow Per Share)

주가현금흐름비율(PCR, Price Cash Flow Ratio, 주가현금흐름배수)

주가를 주당현금흐름(CPS)로 나눈 것을 말한다. 또는 시총을 영업현금흐름으로 나눈 것을 말한다. PCR 값이 낮으면 현금흐름이 좋은 것이고 마이너스가 되면 현금흐름이 전혀 없다는 뜻이다. PCR을 중요하게 생각하는 이유는 감가상각비는 비용으로 빼지만 실상은 기업에서 현금으로 보유하고 있는 돈이다. 기업의 재무 상태를 정확히 파악하기 위해

서는 PER과 함께 PCR를 반드시 체크해야 한다. 당기순이익이 감가상각비나 이자 비용을 차감하여 계산하다 보니 실제 현금흐름을 제대로 반영하지 못하게 되고, 당기순이익이 실제보다 적게 계산될 수도 있다. PCR이 낮을수록 저평가된 것으로 간주한다.

* 현금흐름은 현금 유입에서 각종 지출 비용(현금 유출)을 뺀 것이 바로 현금흐름이다. 현금흐름은 부도 가능성을 예측하는 데 중요하다.

주당매출액(SPS, Sales Per Share)

매출액을 발행주식수로 나눈 것을 말한다. 꾸준히 주당매출액이 증가하는 기업에 투자하는 것이 좋다.

주가매출비율(PSR, Price Selling Ratio)

시가총액을 1년 매출액으로 나누거나, 주가를 주당매출액으로 나눠서 산출한다. 매출액은 조작이 어렵기 때문에 기업의 가치 평가에 많이 사용되고 있다. PSR은 주가의 움직임의 원인을 제공한다. PSR이 1 미만이면 매출액 대비 시가총액이 저평가된 것으로 간주하여 적극적으로 매수하고, 3이 넘으면 고평가된 것으로 보고 매도를 한다.

PSR의 수치가 낮을수록 성장 잠재력에 비해 저평가된 것으로 본다. 미국 투자의 대가, 켄 피셔는 "PSR 수치가 1.5가 초과되면 투자를 피하고 0.75 이하인 경우는 매수를 고려하라."라고 말한다. PSR은 기업의 미래 성장성을 예측하는 데 주로 사용된다. 동종업계의 PSR과 비교해서 너무 높으면 고평가된 것으로 보고 매수를 하지 않는 것이 좋다.

* 저평가된 주식을 찾는 방법은 PER, PBR, PSR, EPS, EV/EBITDA 등을 분석해서 평균보다 양호할 경우 저평가된 주식으로 본다.
* 적정 주가 계산법 = (예상 영업이익 x 업종 PER) / 발행주식수

멀티플(Multiple)

기업의 가치(valuation)를 평가하는 방법의 하나로 멀티플을 사용한다. 멀티플은 '배수'라는 의미이며 기업이 버는 돈의 몇 배를 기업 가치로 보는 것이 타당한지를 판단한다. 기업이 앞으로 버는 돈의 몇 배(멀티플)가 기업의 시가총액인지를 계산하게 된다. 여기서 얼마의 멀티플이 그 기업의 적정가치인지를 정하고, 이를 기준으로 현재 그 기업의 멀티플이 평가 기준의 멀티플과 비교해서 주가가 고평가 혹은 저평가 여부를 판단하게 된다.

시가총액을 기업의 당기순이익 혹은 영업이익으로 나누면 멀티플이 나온다. 기업의 가치가 10인데 시총이 30이라면 멀티플이 3이다. 멀티플은 PER로도 나타낸다. 멀티플(혹은 PER)이 5배이면 5년 후에 원금이 회복되고, 10배이면 10년 후에 원금이 된다는 말이다. 미래 성장성이 높은 회사는 멀티플이 높게 나타난다. 멀티플을 판단하는 요소로는 기업의 매출 증가율, 경영진, 기술력, 시장지배력, 경쟁력 등이 있다. 2021년 우리나라 코스피의 멀티플은 15배이며, 산업별로 멀티플은 모두 다르다.

일반적으로 게임, 바이오, 소프트웨어처럼 투자 대비 이익이 큰 경우 멀티플을 많이 주는 반면에 건설, 화학, 제조업의 경우 많은 시설 및 인력 투자에 비해 이익의 증가율이 높지 않기 때문에 멀티플을 적게 주게 된다. 기업의 가치를 평가하는 방법으로는 멀티플 이외에 자기자본이익률(ROE), 주당순이익(EPS), 주가순자산비율(PBR) 등을 가지고 판단한다.

RSI(Relative Strength Index, 상대강도지수)

기술적 분석의 보조지표로 사용된다. 주식의 상승과 하락의 강도를 측정하는 것으로, 14일 이동 평균을 기초로 계산한다. 0에서 100까지 표시되며 70 이상이면 과매수, 30 이하면 과매도라고 본다. 과매수이면 매도하고, 과매도인 경우 매수하는 전략을 취한다.

주식 투자 방법

단기 투자법

1) 스캘핑 거래(scalping trading, 초단타 매매)

초 또는 분 단위로 거래하여 아주 작은 이익을 취한다. 하루에 수십 번 또는 수백 번 거래 한다. 초단타 매매라고 하며 거래 빈도가 매우 높아 비용이 많이 발생한다. 스캘핑 투자를 하는 사람을 스캘퍼(scalper)라고 말한다.

2) 데이 트레이딩(day trading, 단타 매매)

하루 안에 사고파는 것을 원칙으로 하며, 단기 시세 차익을 노린다. 다시 말해 그날 장이 마감되기 전에 팔아서 거래를 종료하는 것이다. 기업의 내재가치보다는 당일의 주가 변동에 집중하여 거래한다.

3) 스윙 트레이딩(swing trading, 단기 투자)

며칠에서 몇 주일 또는 몇 달 정도 보유했다가 파는 매매기법이다. 단타에 비해 주식을 상당 기간 보유하기 때문에 포지션 트레이딩이라고도 한다. 기술적 분석을 바탕으로 거래하며 목표가격을 설정하고 여기에 도달하면 매매를 한다. 초단타, 단타, 단기 투자는 기업의 내재가치와는 상관없이 주로 차트만 보고 거래한다.

중장기 투자법

최소 6개월 이상 최대 5년 정도 보고 투자하는 것이라고 필자는 정의한다. 웬만한 주식은 장기 하락 추세의 특성을 가진 종목이 아닌 이상 5년 안에 주가가 상승하게 되어 있다. 물론 10년 이상 하락 상태에 있는 경우도 있지만 그러한 종목을 빼놓고는 좋은 종목을 저점에 사면 충분히 수익을 거둘 수 있다고 본다. 중장기 투자는 좋은 종목인데 주가가 바닥에서 오르지 않는 경우에 투자하면 수익을 볼 수 있다. 2~3배 수익을 올리는 것이 보통이며, 경우에 따라서는 10배까지도 수익을 기대할 수 있다. 중장기 투자는 어느 정도 유망주식에 대한 감각이 있어야 한다.

장기 투자법

보통 10년 정도 본다. 성장주인 경우 10년 정도 기다리면 10배에서 최고 수십 배 또는 100배까지 수익을 볼 수 있다. 좋은 종목을 저점에서 사면 무조건 수익을 올리게 되어 있다. 장기 투자종목은 전문가들로부터 얻거나, 경제신문을 꾸준히 읽으면 얼마든지 찾을 수 있다.

초장기 투자법

미래에 지속적으로 성장하는 기업이라고 판단되면 그 기업과 최소 10년에서 최대 40년 또는 그 이상을 함께하는 전략이다. 최소 100배에서 수백 배 또는 수천 배의 투자수익을 기대한다. 평생을 함께할 수 있는 기업이라고 생각되면, 절대 팔지 말고 인생을 완전히 거는 것이다. 초창기의 유망 스타트업 등을 발굴하여 투자한다. 특히 대기업에서 새로운 미래의 먹거리로 지목한 산업에 초장기로 투자하면 좋다. 초장기 투자는 미래의 기술 트렌드를 면밀하게 분석하는 것이 필요하다.

퀀트(Quant) 투자법

quantitative(계량적인)의 단어에서 온 것이다. 오직 통계적 분석과 수학적 모델을 기반해서 투자하는 방법을 말한다. 미국의 수학자 제임스 사이먼스가 창안했으며 전 세계 약 3분의 1이 퀀트 기법을 이용해 거래하고 있다. 과거의 모든 데이터를 분석하여 기계적으로 투자하는 전략이다. 주가수익비율(PER) 주가순자산비율(PBR), 자기자본이익률(ROE) 등 수치 및 각종 통계자료를 가지고 분석해서 투자한다. 제임스 사이먼스는 헤지펀드 '르네상스 테크놀로지'를 창업했으며, 퀀트 투자로 많은 부와 명성을 얻었다.

* 퀄리티전략: 기업의 내재가치, 매출, 이익 등이 탄탄한 기업에 투자하는 것

* 콤보전략: 퀀트, 퀄리티 등 여러 전략을 섞어서 투자하는 전략
* 백테스팅(back testing): 과거에 어떤 투자전략을 사용했을 경우 얼마의 수익이 나는지를 검증하는 것
* GP/A = 매출총이익(매출액-매출원가)/자산(자기자본+부채) GP(Gross Profits), A(Assets)
* POR(주가영업이익비율) = 시가총액/영업이익   POR(Price Operating Earnings Ratio)
* GP/A를 중요시 하는 이유는 매출총이익은 당기순이익에 비해 조작하기 어려워 신뢰도가 높기 때문이다. GP/A가 높을수록 좋은 기업이라고 할 수 있다.

모멘텀 투자법

'모멘텀'이라는 말은 물리학 용어로 동력, 탄력, 가속도, 운동량을 나타내는 말이다. 물체가 계속 한쪽 방향으로 움직이게 되는 것을 말한다. 기하학에서는 곡선의 기울기를 말하는데 한쪽으로 계속 쏠리는 현상을 말한다. 주식시장에서는 상승 혹은 하락 추세에 가속도를 붙여줄 수 있는 재료를 모멘텀이라고 한다. 주로 상승장에서 모멘텀 용어를 사용하는데 주가가 상승할 수 있는 이벤트를 말한다.

상승 추세에서 계속 상승을 할 수 있는 모멘텀이 충분하지 않다면 하락으로 꺾이게 된다. 반대로 하락세라고 하더라도 모멘텀이 있다면 반등할 가능성이 높다. 단기 투자에서 모멘텀을 매우 중요하게 여긴다. 주식시장에서 모멘텀이라고 하는 것은 가격, 매출, 이익, 혁신적인 기술, 서비스 향상 등을 의미한다. 모멘텀에서 재료가 소진되는 경우 주가가 하락할 가능성이 있다.

모멘텀 투자는 기술적 분석, 뉴스, 시황, 수급을 바탕으로 가격을 전망한다. 다시 말해 기술적 분석과 심리 분석을 통해 가격을 예측해서 추격매매를 하는 것이다. 모멘텀 투자 역시 단기 투자이기 때문에 적극적으로 추천하지는 않는다.

모멘텀 투자는 변동성이 크기 때문에 리스크가 크다고 말할 수 있다. 펀더멘탈에 관계 없이 일정 기간 동안 상승한 종목에 투자하는 전략이다. 과거에 오른 종목이 또 오를 수 있다고 보는 것이다. 이것은 투자심리를 이용한 투자 방법이라고 할 수 있다.

가치 투자법

기업의 내재가치를 통해 가격을 전망하여 투자하는 것을 가치 투자라고 한다. 주가는 기업의 순자산가치와 벌어들이는 돈에 수렴한다고 보는 것이다. 저평가된 주식에 투자한다. 기업의 실질 가치에 비해 주가가 낮게 평가되었다면 이러한 주식에 투자하는 것을 말한다.

* 역발상(Contrarian) 투자: 다른 사람들이 팔 때 사고, 다른 사람들이 살 때 파는 투자 방식

안전자산과 위험자산의 포트폴리오 구성하기

초기에 주식 투자를 시작하는 사람들은 포트폴리오 구성에 대해 신경 쓰지 않아도 된다. 오직 주식에만 올인하면 되기 때문이다. 하지만 재테크를 통해서 자산이 크게 늘어나면 모든 자산을 한 곳에 투자하면 리스크가 커지게 된다. 리스크를 헤지(hedge)하기 위해서는 분산투자를 해야 한다. 자산을 잘 분산시켜야만 안전하게 자산을 유지하면서 불릴 수 있다. 만약 모든 자산을 주식에 몰빵해서 투자한다면 주식시장이 폭락이 왔을 때 자산이 크게 줄어들게 된다.

자산을 배분하는 방법은 위험자산과 안전자산으로 나눠서 분산시키는 것이다. 주식을 위험자산으로 본다면 비교적 안전자산은 달러, 채권, 금, 부동산 등이다. 주식에서도 비교적 안전한 종류의 주식은 배당주, 유틸리티주, 리츠주라고 말할 수 있다. 다음으로 비교적 덜 위험한 주는 대형우량주다. 대형우량주는 위기 시에서도 폭락의 범위가 일반 주식에 비해 크지 않으며 경기가 회복되면 다시 정상 주가로 올라간다. 따라서 대형우량주를 보유하면 자산의 변동성을 줄일 수 있다.

안전자산과 위험자산의 구분은 상대적으로 안전한 것을 안전자산, 위험한 것을 위험자산으로 본다. 채권의 경우 국채는 안전자산이지만 회사채는 위험자산이라고 볼 수 있다. 부동산의 경우도 서울 강남의 아파트는 비교적 안전자산에 속하지만 지방의 아파트는 위험자산이라고 볼 수 있다. 안전자산과 위험자산의 구분은 경기 상황에 따라 위험도가 적은 것을 안전자산으로 보고, 위험도가 큰 것을 위험자산이라고 볼 수 있다.

위험자산과 안전자산의 비율을 상황에 따라 조정하는 지혜가 요구된다. 경기가 좋을 때는 주식시장이 호황인 경우다. 이때는 위험자산의 비중을 늘리고, 경기가 좋지 않을 때는 안전자산의 비중을 늘리는 것이 현명한 전략이다. 경기가 안 좋을 때는 달러 자산, 채권, 부동산 등에 투자 비중을 늘린다. 또한 주식에서는 주가의 변동은 적지만 배당을 많이 주는 고배당주에 자산 비중을 크게 한다. 또한 비교적 안전한 아파트 등에 투자해 놓는 것도 좋다.

경기가 불황에서 다시 호황으로 전환된다면 안전자산의 비중을 줄이고 과감하게 주식에 투자 비중을 늘린다. 저점에서 횡보하는 우량주라든가 성장주에 투자를 해서 다가오는 주가 상승에 대비하는 것이다. 주식이 상승 추세에 접어들면 대부분의 주식은 상승하게 된다. 이때 평소에 선정한 좋은 기업 중에서 전망이 밝은 기업에 투자 비중을 대폭 늘리는 것이다.

결정적이 투자 시기가 오면 평소에 현금성 자산에서 돈을 인출하여 투자에 나선다. 주식이 폭락장이 오거나 저점에서 반등의 시기가 왔다고 판단되면 현금을 확보해야만 한다. 이때 현금성 자산에서 돈을 빼서 위험자산인 주식에 투자하는 것이다.

현금성 자산으로 분류되는 대표적인 것은 예·적금을 비롯하여 달러 자산, 엔화 자산 등 외환 자산이고 주식으로는 고배당주, 그리고 채권 등이다. 부동산에서 일부 담보대출을 이용하는 것도 좋은 방법이지만 원리금 상환에 부담이 안 되는 한도 내에서 대출을 받는 것이 바람직하다. 아무리 결정적으로 투자 호기라고 해서 거액의 부동산 대출을 받아 일확천금을 노리는 것은 바람직하지 않다.

호황기 포트폴리오: 위험자산 40%   안전자산 10%   장기투자 50%

불황기 포트폴리오: 위험자산 10%   안전자산 40%   장기투자 50%

이것은 필자가 자산 배분 비중을 예시한 것이다. 여기서 장기 투자는 미국 ETF(S&P500, 나스닥100) 또는 기타 장기 투자를 진행하고 있는 미래 성장주 등을 의미한다. 직장생활에 전념하고 있는 입장이라면, 미국 ETF에 올인하는 것이 좋다.

자산 분류

안전자산: 달러, 현금, 채권, 고배당주, 금, 은, 리츠, 부동산, 예·적금

위험자산: 주식, ETF

고위험자산: TQQQ(3배 레버리지), 하이일드채권, 암호화폐, 파생상품, 선물, FX 등

어느 정도 자산을 형성하면 안전자산과 위험자산을 적절하게 배분하여 투자를 해야 자산을 잘 보전하면서 키울 수 있다. 우선 매달 안정적인 현금흐름이 나오는 데 일정 부분을 투자하는 것이 좋다. 여기에는 고배당주나 리츠주, 기타 배당을 받을 수 있는 곳에 투자하여 끊임없이 현금이 나오도록 하는 것이다. 이 돈을 다시 재투자하여 매달 현금흐름이 계속 증가하도록 유도한다.

부동산은 반드시 가치 있는 곳에 투자해야 한다. 인구가 점차 감소하는 시대에 잘못 투자하면 큰 낭패를 볼 우려가 있으니 주의해야 한다. 부동산을 투자하는 경우 수십 년이 지나도 살 사람이 있는 곳에 투자해야 한다. 서울에서 위치 좋고 살기 좋은 대단지 아파트에 투자를 하면 나중에 임대주고 월세를 받는 데 큰 지장이 없다. 위치가 좋지 않은 곳은 나중에 수요가 전혀 없어 애물단지가 된다. 잘못하면 한 푼도 건지지 못할 수도 있다.

자산 배분 시 상관관계를 고려하라

서로 상관관계(correlation)가 낮은 자산에 배분해야 변동성을 낮출 수 있다. 자산을 상관관계가 낮은 것에 분산해서 구성하면 자산을 안전하게 지킬 수 있다. 경기 변동에 따라 가격이 같이 오르고 같이 내리면 양의 상관관계이고, 서로 반대로 움직이면 음의 상관관계라고 한다.

완전히 똑같이 가격이 오르고 내리면 1이고(커플링), 완전히 정반대로 움직이면 −1(디커플링)로 표시한다. 1에 가까울수록 경기 변동에 따라 거의 비슷하게 가격이 오르고 내린다는 의미다. 따라서 자산을 안전하게 유지하기 위해서는 두 자산의 관계가 −1에 가까운 것이 좋다. 만약 한쪽의 자산이 폭락하면 다른 한쪽의 자산이 폭등하여 손실을 보충해주기 때문이다.

2023년 국민연금 포트폴리오 구성(수익률)

국내주식 14.3%(22.12%)

해외주식 30.9%(23.89%)

국내채권 31.5%(7.40%)

해외채권 7.1%(8.84%)

대체투자 15.9%(5.80%)

단기자금 0.2%(4.23%)

우리나라 최고의 투자전문가들이 운용하는 국민연금의 포트폴리오의 구성을 살펴보는 것은 의미 있는 일이다. 국민연금의 해외주식 비중이 30%이고 수익률이 23.89%라는 점은 많은 시사점을 주고 있다. 자산이 클수록 다양한 투자 종류에 분산해서 투자해야 한다는 것을 알 수 있다. 국민연금은 2018년 639조에서 2023년 1,035조로 불렸다. 국민연금의 적립금은 2023년 처음으로 1,000조를 넘겨 일본 공적 연금(약 1900조)과 노르웨이 국부펀드(약 1,800조)에 이어 세계 세 번째로 순자산 1,000조를 넘어섰다.

금융자산과 부동산자산의 비중을 조절하라

금융자산과 부동산자산 적절하게 배분하는 것이 좋다. 우리나라는 자산의 비중이 부동산자산에 너무 치우쳐져 있다. 통계에 따르면 우리나라는 총자산 중에서 부동산의 비중이 70~80%라고 한다. 선진국의 부동산 비율이 40% 정도인 것에 비하면 과도하게 부동산에 치우쳐져 있음을 알 수 있다. 필자의 생각으로는 안전자산으로 부동산 투자는 좋은 선택이라고 본다. 하지만 현재와 같이 부동산에 지나친 투자는 바람직하지 않다고 본다. 부동산 투자 비율을 30~40% 정도로 유지하고, 나머지 60~70%는 다양한 금융자산이나 대체자산에 투자하는 것이 바람직하다고 본다. 자산을 늘리는 측면에서 지나친 부동산 편중 현상은 재고할 필요가 있다고 본다.

그 이유는 부동산은 최고로 올라야 2~3배이지만, 금융자산의 경우 5배, 10배 그 이상으로 늘릴 수 있기 때문이다. 부동산은 안전자산의 속성을 가지고 있지만, 효율성 측면에서 금융자산과 비교했을 때 너무나 저조하다는 것을 알 수 있다. 부동산도 입지가 좋아야 2~3배 오르는 것이지, 입지가 좋지 않으면 크게 손실도 볼 수 있다는 점도 고려해야 한다. 따라서 부동산의 비중을 줄이고, 자산을 끊임없이 늘릴 수 있는 금융자산에 투자 비중을 늘려야 한다.

한눈에 보는 주식 용어 정리

	설명
외국인투자가	은행, 투자금융사, 증권사, 보험사, 연기금, 종합금융사
외국인투자자	외국의 투자은행, 증권사, 보험사, 헤지펀드
시가	거래가 오전에 시작될 때 가격
종가	거래가 오후에 끝날 때 가격
고가	하루 중 가장 높은 가격
저가	하루 중 가장 낮은 가격
재료	주가가 오르고 내리는 원인이 되는 사건
호재	주가가 오르는 요인
악재	주가가 내려가는 요인
추세	장기적인 주가 흐름의 일정한 패턴(상승, 횡보, 하락)
매집	가격에 상관없이 짧은 기간 동안 대량으로 매수하는 것
조정	주가가 상승하다가 멈추면서 약간 하락하거나 보합세를 유지하는 것
박스권	주가가 특정 범위 내에서 더 오르거나 내리지 못하고 갇혀 있는 상태
갭상승	시가가 전날 고가보다 높게 시작해서 끝까지 높은 상태를 유지한 경우 갭 발생
갭하락	시가가 전날 저가보다 낮게 시작해 끝까지 낮은 상태를 유지한 경우 갭 발생
점상	시가가 상한가로 시작하여 장 마감까지 유지되는 것
거래대금	거래된 금액
거래량	거래된 주식 수
지정가(보통가)	가격을 정해서 주문함
시장가	가격을 입력하지 않고 수량만 지정하여 주문하는 것
손절매	더 큰 손해를 보지 않으려고 손실을 보고 파는 것
익절	이익을 보고 파는 것
깡통계좌	주식계좌에 돈을 다 날려버려 잔고가 없는 상태
불장(Bull Market)	주가가 지속적으로 오르는 상승장을 말하며 다른 말로 강세장이라고 함
베어장(Bear Market)	약세장
피크아웃(peak out)	정점을 찍고 가격이 서서히 내려오는 것
물타기	주가가 하락할 경우 추가로 매수하여 매입 단가를 낮추는 방법
순매수	매수금액에서 매도금액을 차감한 금액(매수〉매도). 외국인이 순매수로 나타날 경우 주가 상승이 예상된다
순매도	매도금액에서 매수금액을 차감한 금액(매도〉매수)). 외국인이 순매도로 나타날 경우 주가 하락이 예상된다
보합세	사려는 사람과 팔려는 사람의 힘이 비슷하여 가격의 변동 폭이 거의 없는 상태
혼조세	주가가 높은 등락 폭을 보이며 불안정한 상태
강보합	어제 가격보다 약간 강세인 상태(+1% 미만 상승)
약보합	어제 가격보다 약간 약세인 상태(−1% 미만 하락)

증권거래소(한국거래소)	주식이나 채권 등 유가증권을 거래하는 곳
상장(Listing)	주식이 증권거래소에서 거래될 수 있도록 심사를 통해 인정받는 것
고객예탁금(예수금)	고객이 주식을 사기 위해 증권계좌에 넣어 둔 돈 (예탁금이 증가하면 주가가 상승할 가능성이 있다.)
미수거래(신용거래)	돈을 증권회사에서 빌려서 주식을 사는 것
예수금	증권계좌에 입금한 금액 중 매매결제대금으로 사용하지 않은 금액(인출이 가능하고 매매주문 시 증거금으로 사용한다.)
주식증거금(계약금)	매수금액의 일정 비율을 먼저 차감하는 금액(나머지 금액은 3영업일에 예수금에서 빠져나간다.)
증거금률	증거금률이 30%이고 매수금액이 100만 원이라면 주식증거금은 30만 원이 된다.
주식대용금	주식을 담보로 추가로 사용할 수 있는 금액을 말하며, 증거금으로만 사용된다.
주식미수금	3영업일에 잔고가 없다면 미수금으로 잡힌다. 입금이 안 되면 4영업일에 필요한 만큼 하한가로 주식을 처분하여 미수금을 회수한다(반대매매). 보통 상승장일 때 미수금이 늘어난다.
매수벽	호가창에 지정가로 걸어둔 매수물량이 많이 있는 것(지지선 역할)
매도벽	호가창에 지정가로 걸어둔 매도물량 많이 있는 것
상한가	하루 최대 상승할 수 있는 가격(+30%)
하한가	하루 최대 하락할 수 있는 가격(−30%)
랠리(rally)	하락된 주가가 크게 상승하는 것을 말한다.
뇌동매매	남을 따라 하는 매매
유동성랠리	실적이 아닌 돈의 힘으로 주가가 오르는 현상
MDD(Max Draw Down)	최대 낙폭, 전고점 대비 최저점
마진콜	빌려준 돈(증거금)을 채우지 못하면 증권사가 전화해서 증거금을 보충하라는 전화(주가가 떨어진 경우). 만약 채워놓지 못하면, 증권사는 다음 날 즉시 강제로 주식을 팔아서 빌려준 돈을 가져간다. 이를 반대매매라고 한다. 초보자들이 증권사의 돈을 빌려서 투자하는 것은 바람직하지 않다.
깡통 계좌가 되는 과정	증거금을 설사 보충했더라도 주가가 계속 하락하면, 나머지 미수금을 계속 갚아야 하므로 시간에 쫓기게 되면서 주식을 내다 팔게 되고, 이로 인해서 주가가 계속 내려간다. 결국 깡통 계좌만 남게 된다.
미수거래방지	증권사에 전화해서 미수 불가 계좌로 설정해달라고 요청하거나, 주식증거금을 현금 100%로 설정하여 안전하게 투자한다.
코스피(KOSPI, 한국종합주가지수)	한국의 대표적인 증권시장을 가리키며, 시가총액주가지수다. 한국의 유명한 대기업 및 중견기업들이 주로 많이 포함되어 있다. 코스피에 상장된 기업 수는 800여 개다.
코스닥(KOSDAQ)	기술기업, 유망한 벤처기업들로 구성되어 있다. 코스닥은 변동성이 코스피에 비해 크다. 코스닥의 기업 수는 1,600개 이상이다.
코넥스(KONEX)	중소기업들로 구성되어 있다. 거래가 매우 저조하다. 코넥스의 기업 수는 대략 400개 정도로 알려져 있다.
파생상품 시장	선물·옵션시장을 말하며 한국거래소의 장내시장과 장외시장으로 나눈다. 코스피 200의 파생상품시장 규모는 세계적이며, 코스피 시장의 3배를 초과한다.
롱포지션(long position)	가격 상승을 기대하고 주식 등을 매수하여 보유하고 있는 상태, 또는 매수 수량이 매도 수량을 초과한 상태를 말한다.
숏포지션(short position)	숏은 매도를 의미하는 것으로서 롱포지션과 반대 개념이라고 말할 수 있다. 가격이 내려갈 것을 기대하고 주식 등을 파는 것을 말한다. 여기에는 공매도를 하거나 인버스 상품을 매입하는 것을 말한다.

롱숏전략(long short strategy)	저평가된 주식을 사고 고평가된 주식을 파는 기법이다. 즉 본질 가치보다 싼 주식은 사고, 동시에 비싼 주식은 팔아 수익을 올린다.
오버슈팅(overshooting)	상품이나 금융자산의 시장가격이 일시적으로 폭등, 폭락하여 가격이 평소 균형가격에서 벗어나 지나치게 큰 폭으로 변동하는 현상. 하지만 시간이 지나면 다시 장기 균형가격으로 수렴하게 된다.
순환매매	어떤 종목이 상승하는 경우 그와 연관된 업종이나 타 업종이 연이어서 상승하는 것
과매도(oversold)	주가 폭락할 때 보유주식을 적정수준 이상으로 매도하는 현상. 이 경우 주가가 하락한 상태에서 과매도가 발생하는 경우 다시 강세장으로 바뀌는 전환점이 된다.
과매수(overbought)	주가 폭등할 때 보유주식을 적정수준 이상으로 매수하는 현상. 과매수가 되는 경우 매도로 전환되면서 약세장으로 바뀌게 된다.
따상	신규 상장 종목이 공모가 대비 2배로 시초가 형성된 것을 따블(double)이라고 하며, 거기에 상한가로 마감한 경우(공모가 대비 160% 상승)
서킷브레이커(Circuit Breaker)	코스피나 코스닥지수가 전일 종가보다 8% 이상 폭락하면 모든 거래가 중단되는 제도
텐 배거(Ten Bagger)	10배 수익을 얻는 주식. 배거(Bagger)는 야구 용어로 1루타를 One bagger, 2루타를 Two bagger, 10루타를 Ten bagger라고 한다. 이 용어는 마젤란 펀드를 운영하면서 연 29%의 수익률을 거둔 것으로 유명한 피터 린치가 처음 사용했다.
컨퍼런스콜(Conference Call)	자사의 실적과 사업계획 및 향후 전망을 증권사 애널리스트와 기관투자가들 대상으로 하는 전화 회의
컨센서스(Consensus)	의견일치, 합의 의미. 증권사나 경제연구소의 분석가들이 기업에서 발표한 자료, 지표를 종합적으로 고려하여 그 기업에 대한 의견을 모아 평균을 낸 자료
가이던스(Guidance)	기업이 자체적으로 내는 매출액, 영업이익, 당기순이익 등 실적에 대한 전망치. 경제 분석가들이나 투자자들에게 기업의 실적을 전망하는 방향을 제시함.
공매도(Short Stock Selling)	주가가 하락할 것을 예상하여 국민연금 등에서 주식을 빌려 매도(short)한 후, 결제일(3영업일) 안에 싼 가격에 사서 되돌려주는 것을 말한다(short covering). 공매도가 일어나는 경우 폭락을 초래할 수 있다. 기관과 외국인이 이용한다. 담보 비율 105%이며, 만기일과 한도는 없다. 종류에는 공매도, 무차입공매도, 대주거래, 대차거래가 있다.
무차입 공매도(naked short selling)	주식을 빌리지 않고 미리 파는 것인데 주식 매매 결제일이 매매계약 체결 2영업일 뒤라는 점을 악용하여 공매도를 하는 행위. 한국에서 무차입공매도는 불법이다.
대주거래	증권사가 보유한 주식을 수수료를 주고 일정 기간 빌려서 팔고, 기간 내 다시 사서 갚는 것을 말하며, 대차거래에 비해 상환기간이 짧다. 개인, 기관, 외국인이 이용한다.(만기일 90일, 담보비율 140%)
대차거래	외국인과 기관 사이에서 거래하며 상환 기간이 보통 1년이다. 금액이 훨씬 크다.
CFD(Contract For Difference, 차액결제거래)	40% 증거금으로 매수와 매도 주문이 가능하며, 매수가격과 매도가격의 차액(매매차익)만 현금으로 결제하는 거래방식이다. 매수금액의 40%만 가지고 주식을 매수하기 때문에 2.5배의 효과를 나타내는 장외파생상품이다. 금융회사가 대신 거래해 주기 때문에 양도세가 없으며, 레버리지를 2.5배부터 최대 10배까지 사용이 가능하다. 외국증권회사와 국내증권사가 협업하여 진행된다. 하락이 예상 시 공매도를 할 수 있다. 레버리지를 사용하면 이익을 극대화할 수 있지만 반대로 손실도 엄청나게 커질 수 있다. CFD는 리스크가 너무 크기 때문에 100% 확신을 갖지 않는 한 하지 않는 것이 좋다.
숏커버링(Short Covering)	공매도에서 주식을 빌려서 팔았던 주식을 되갚기 위해 다시 그 주식을 매수하는 것(환매수). 숏커버링 시기에는 매수 세력의 증가로 주가가 상승하게 된다.
숏스퀴즈(Short Squeeze)	공매도 투자자들이 주가 급등으로 인한 손실을 막기 위해 해당 주식을 매입하는 것

산업 섹터	비슷한 업종끼리 모인 집합을 말하며 글로벌산업분류기준에 따라 미국 주식시장에서는 산업 섹터를 11개 섹터(Sector)로 구분하고 있다. 즉 에너지(Energy), 재료(Materials), 산업(Industrial), 공공재(Utilities), 의료(Healthcare), 금융(Finance), 자유 소비재(Consumer Discretionary), 필수 소비재(Consumer Staples), 정보 기술(Information Technology), 통신 서비스(Communication Services), 부동산(Real Estate) 섹터로 분류하고 있다.
레버리지(leverage)	투자수익을 크게 하기 위해 빌린 돈을 지렛대 삼아 투자하는 방법
장외시장	증권거래소 밖에서 유가증권을 거래하는 시장
시가총액	상장된 모든 주식의 가격을 합한 것
코스피지수(종합주가지수)	1980년 4월 1일 시가총액 기준 대비 현재 시가총액
코스피200지수	코스피시장에서 상위 200개 종목을 추려 만든 지수
코스닥지수	1996년 7월 1일 기준 대비 현재 시가총액
S&P500지수	뉴욕증권거래소에 상장된 우량기업 500개 지수
다우지수	뉴욕증권거래소에 상장된 최우량기업 30개 지수
나스닥지수	나스닥에 상장된 3,300여 개 이상의 벤처 및 중소기업 지수
나스닥100	나스닥에 상장된 기업 중 상위 100개 비금융 업종 지수
홍콩항생지수	홍콩에 상장된 중국기업 40개를 추려 정리한 지수
니케이255지수	도쿄증권거래소에 상장된 225개 우량기업 지수 * 인베스팅 닷컴에서 각종 지수를 파악할 수 있다.
MSCI지수(Morgan Stanley Capital International Index)	미국 모건회사가 발표하는 세계주가지수로 글로벌펀드 운용의 주요 지표로 사용되고 있다. 주로 미국 기관 투자자들이 참고하는 지수이며, 우리나라는 신흥지수에 편입되어 있다.
FTSE100지수(Financial Times Stock Exchange)	영국의 상위 100대 기업의 종합주가지수
IPO(Initial Public Offering, 기업공개, 신규상장)	기업의 경영 내역, 주식 등을 시장에 공개하여 증권시장에 공식적으로 상장하는 것을 말한다. 상장하면 분기별, 연도별로 재무제표 등을 공개한다. IPO를 통해 최초로 주식 공모를 하게 된다.
괴리율	애널리스트가 제시한 12개월 후의 목표주가와 현재 주가의 차이. 괴리율이 높을 경우 추가 상승의 여력을 나타낸다. / ETF가 거래되는 시장가격과 순자산가치의 차이 / 전환사채 시장가격과 패리티(parity) 간의 차이 * 패리티라는 것은 전환사채를 주식으로 전환할지 말지를 정하는 기준 가격을 말한다.
복수의결권주식	1주에 최대 10개의 의결권을 부여하는 주식을 말하며, 100억 원 이상 투자를 유치한 벤처기업에서 발행할 수 있다. 2023년 11월부터 벤처창업주의 경영권을 보호하기 위해 시행되었다.
블록딜(Block Deal) 공시 의무제	2024년 7월 실시 예정, 10% 이상 주식을 소유한 주요 주주가 발행주식수 1% 이상 매각 시 가격, 수량, 기간을 30일 전까지 공시해야 하는 제도
랩어카운트(Wrap Account, 종합 자산관리계좌)	포장하다(wrap)와 계좌(account)의 합성어. 자산 배분 전략 수립, 포트폴리오 구성, 시장 상황에 맞는 리밸런싱(자산 재배분)부터 매매에 이르기까지 모두 전문가가 알아서 운용해 주는 자산 관리 계좌를 말한다.(간접투자 방식) 이러한 서비스를 랩서비스(Wrap Service)라고 말한다. 주식뿐만 아니라 펀드, ELS, 부동산, 대체투자 등 다양한 곳에 투자하기 때문에 낮은 변동성과 안정적인 수익이 장점이다.

ISA(Individual Saving Account, 개인종합자산관리계좌)	ISA는 주식을 비롯하여 채권, 펀드, ETF, 파생상품에 이르기까지 모두 담아 관리하는 계좌다. 19세 이상 누구나 가입할 수 있으며 의무가입기간은 3년이다. 2024년부터 납입 한도를 연 4천만 원, 총 2억 원으로 두 배 확대되었다. 또한 이자소득에 대한 비과세 한도는 일반형 500만 원, 서민형 1,000만 원으로 2.5배 확대하였다. 비과세를 초과하는 부분은 일반소득세 15.4%가 아닌 9.9%의 분리과세를 적용한다. ISA 종류는 신탁형, 일임형, (투자)중개형으로 나뉜다.
신탁형	금융사에 신탁하고 운용은 개인이 직접 한다.(주식 직접 투자 불가)
일임형	금융사에 투자 운용을 일임한다.(주식 직접 투자 불가)
중개형	증권사에서 취급하며 예·적금을 제외한 주식, 펀드, ETF 등에 투자가 가능하다.
코스트 에버리징 효과	매월 적립식으로 투자하여 평균단가를 낮추는 효과를 가져오는 것을 말한다. 가격이 오르거나 내리거나 상관없이 장기간 매월 정해진 날짜에 정해진 금액을 투자하면 평균 매입가격이 인하된다. 장기간 주가가 높을 때는 적게 사고 주가가 낮을 때는 많이 사게 되어, 목돈을 한꺼번에 투자하여 발생하는 리스크를 줄일 수 있다.(평균 매입 단가 인하 효과)

4.

주식 투자의
기본 원칙이 재테크의
근본이다

3가지 기본 원칙을 확고하게 지켜라

첫 번째 원칙, 싸게 사서 비싸게 판다. 이것이 우리가 주식 투자를 하는 목적이다. 이유 여하를 막론하고 주식은 싸게 사야 한다. 여러분은 주식을 살 때 주가가 싼지 비싼지를 반드시 따져봐야 한다. 하지만 주식 초보자들은 일단 주식을 사고 본다. 대부분 고점에서 사게 된다. 주식 투자의 가장 기본적인 대원칙인 싸게 사야 한다는 점을 무시한다. 그래서 초보자들은 돈을 날리게 된다. 고수들은 주가가 비싸면 아무리 좋은 주식이라도 매수하지 않는다. 특히 한국 주식은 박스권 형태를 보이는 주식이 많다. 한번 고점에서 사게 되면 장기간 물리게 된다. 이를 견디지 못한 초보자들은 크게 손실을 보고 팔아버린다.

주식 투자에서 기본적인 원칙인 '싸게 사서 비싸게 팔아야 한다'는 것을 지키지 않기 때문에 주식 투자에서 실패하게 된다. 주식 투자를 시작하기 전에 이 원칙만 철저히 지켰어도 돈을 잃는 사태를 벌어지지 않는다. 워런 버핏은 주식 투자에서 "돈을 절대 잃지 말라."라고 강조한다. 돈을 잃지 않기 위해 비싸게 사는 것을 피해야 한다.

주가가 싼지 비싼지 파악하는 방법은 여러 가지가 있겠지만, 가장 간단한 방법은 차트를 보는 것이다. 지난 3~5년간 주가의 변동 상황을 나타내는 차트를 보면 현재의 주가 수준이 어느 정도인지 파악할 수 있다. 그 기간 동안 가장 높은 가격이 고점이고, 가장 낮은 가격이 저점이다. 저점에 근접할 때 사거나 바닥에서 반등하기 시작했을 때 매수하는 것이 좋다.

두 번째 원칙, 성장하는 종목에 장기 투자를 한다. 주식 투자할 때 종목을 잘 고르는 것이 가장 중요하다. 좋은 종목을 고르면 설사 비싸게 매수하였더라도 하락했다가 다시 가격을 회복한다. 좋은 종목이란 장기적으로 봤을 때 꾸준히 우상향하는 종목을 말한다. 내재가치가 탄탄하고 미래 성장성 있는 기업을 선정해서 투자해야 한다.

미래 성장주에 장기 투자하면 큰 수익을 얻을 수 있다. 또한 현재 실적이 좋고 내재가치가 확실한 기업인데도 불구하고 외적인 영향으로 주가가 저평가된 기업이 있다. 이렇게 저평가된 기업의 주식을 매수하는 것도 좋은 전략이다. 저평가된 주식은 향후 외적 상황이 좋아지면 주가는 가치에 맞게 가격이 오르게 되어 있다.

좋은 종목을 고르고 장기 투자를 한다면 절대 주식에서 돈을 잃을 일이 없다. 좋은 종목 자체가 미래에 성장성이 있고 주가는 오를 수밖에 없는 구조를 가졌기 때문이다. 주식 투자에서 돈을 잃는 경우는 대부분 단기 투자를 하기 때문이다. 주식 투자는 평생 하는 것이다. 1~2년 만에 큰돈을 벌겠다는 자체가 실패를 예정하는 일이며, 주식을 도박처럼 하는 것이다. 주식 투자란 10년 이상 장기로 보고 투자해야 한다.

주식 투자 대상을 둘로 나눈다면 가치주와 성장주로 나눌 수 있다. 가치주는 현재의 내재가치에 비해 저평가된 주식을 말한다. 가치주의 경우 비교적 투자 기간이 성장주에 비해 짧을 수 있다. 가치주의 경우 투자 기간이 3~10년을 보면 된다. 그러나 성장주의 경우는 그 회사의 성장이 계속된다면 10~40년 이상 보유하는 것도 마다하지 말아야 한다. 성장주 투자는 그 기업의 성장이 지속되는 한 계속 보유해야 한다.

테슬라는 2000년~2021년에 280배 올랐다. 아마존은 20년간 500배 상승했다. 엔비디아는 같은 기간 동안 780배 뛰었다. 애플은 30년간 2,000배 이상 상승했다. 이렇게 성장성이 좋은 회사에 장기 투자하면 엄청난 수익을 거둘 수 있다. 최근에 인기를 끌었던 에코

프로의 경우 2020년에는 주가가 3만 원대였으나 2023년 7월에는 120만 원까지 올라 3년 동안 무려 40배 상승했다.

망하지 않고 상장 폐지(delisting) 되지 않을 기업을 골라야 한다. 여러분이 미래에 망하지 않을 기업을 골라 그중에서 성장성 있는 기업에 장기 투자를 하면 엄청난 부자가 될 수 있다는 사실을 잊어서는 안 된다. 미래에 수십 배의 성장 가능성이 있다면 현재 주가가 좀 비싸더라도 과감하게 매수할 필요가 있다. 10년 뒤에 주가가 어디까지 올라갈 것인지 나름대로 생각해 보고 지금 주가가 수십 배 저렴하다면 과감하게 매수하자.

세 번째, 분할 매수를 한다. 분할 매수는 매수 단가를 낮추는 효과가 있다. 설사 낮은 가격에 매수하더라도 가격이 계속 하락할 수가 있다. 바닥을 알지 못하는 상황에서 섣불리 한꺼번에 매수하면 물리는 수가 있다. 따라서 이를 피하는 방법은 한꺼번에 목돈을 투자하지 말고 나눠서 투자하는 것이다. 예를 들면 10%씩 떨어질 때마다 매수하는 것이다.

장기적으로 우상향하는 주식이라고 확신한다면 주가에 상관없이 꾸준히 분할 매수하면 된다. 주가가 아무리 요동치더라도 크게 걱정하지 않아도 된다. 어차피 장기적으로 우상향하기 때문이다. 매달 일정한 날에 정기적으로 매수하면 어느 때는 고점에서 어느 때는 저점에서 매수하게 된다. 결국 전체적으로 보면 평균값에 수렴하게 된다. 변동성이 심한 주식이라 하더라도 매달 분할 매수를 장기적으로 한다면 절대 실패하지 않는다.

분할 매수의 대표적인 방식은 적립식 매수다. 적립식 매수라는 것은 매달 정해진 날짜에 정해진 금액을 투자하는 것을 말한다. 예를 들면 A 주식을 10년, 20년 혹은 30년 동안 매월 25일에 100만 원씩 투자하는 것이다. 또 다른 방식은 매달 형편이 닿는 대로 매수하는 것이다. 또는 주가가 일정한 비율로 폭락했을 때마다 나눠서 매수하는 것도 분할 매수라고 말한다.

문제는 한꺼번에 목돈을 투자하는 경우다. 목돈을 일시에 투자하는 경우 반드시 저점에서 매수해야 한다. 자칫 고점에서 매수했다면 장기간 주가 하락으로 인해 손실을 크게 보게 된다. 그리고 다시 고점까지 회복하는 데 오랜 시간이 걸릴 수 있다. 수년에서 10년 이상도 걸릴 수 있다. 따라서 한꺼번에 목돈을 투자하는 경우 대부분 실패로 끝날 확률이 높기 때문에 권하지 않는다. 그에 반해 장기적으로 우량주를 매달 일정한 금액으로 매수한다면 주가 변동에 크게 문제가 될 것이 없다. 이것이 분할 매수의 장점인 것이다.

주식 수를 늘려가는 것을 인생의 목표로 삼아라

주식은 파는 것이 아니라 사서 모으는 것이다. 특별히 팔아야 할 피치 못할 사정이 있는 경우를 제외하고는 주식은 장기적으로 모아가는 데 중점을 두어야 한다. 예컨대 내가 시가총액 1~4위 주식을 계속 모아가는 것으로 목표를 정하면 매달 이 주식들을 사서 모으는 것이다. '어떤 분은 삼성전자 주식을 40년간 계속 사서 모았다'고 한다. '그는 현재 수천억 원 상당의 삼성전자 주식을 가지고 있다'고 한다. '어떤 분은 시총 1위부터 4위까지 주식만 계속 사서 모았다'고 한다. 이분 역시 상당한 자산을 보유하고 있다.

이러한 방식으로 젊은 시절부터 꾸준히 좋은 주식을 사서 모아온 사람치고 부자가 되지 않은 분은 없다. 이것이 장기 투자의 힘인 것이다. 주식 투자에서 실패하는 분은 주식을 사고파는 것으로 잘못 생각하고 있다. 여러분도 이제부터 좋은 주식을 사서 모으는 것으로 목표를 정하고 꾸준히 매달 단돈 10만 원이라도 좋은 주식을 사서 모아가길 바란다.

주식을 공부할 시간도 없고, 주식 공부가 골치 아픈 분은 그냥 성장주를 계속 사서 모아가는 것이 좋다. 그것이 가장 편하고 현명한 방법이다. 돈만 생기면 무조건 성장주를 사는 것이다. 10만 원, 50만 원, 100만 원 등 돈이 생기는 대로 매달 성장주를 평생 사서 모아라. 앞으로 지속적인 성장이 예상되는 우량주를 골라서 평생 사서 모으면 나중에 은퇴 시기가 되면 큰 자산으로 불어날 것이다.

주식 투자에서 성공하고 싶으면 성장우량주를 선정해서 수십 년간 계속 모아간다. 따라서 종목을 선정할 때 매우 신중해야 한다. 기업의 재무구조를 비롯해서 특히 미래의 성장성을 따져봐야 한다. 미래에 꾸준히 성장하는 기업을 찾는 것이 가장 중요하다. 미래에 성장하는 좋은 기업을 찾아서 장기적으로 매수하는 것이 주식 투자에서 성공하는 길이다. 그런데 사람들은 당장 눈앞에 작은 이익에만 눈이 먼다. 단기간에 승부를 보려고 한다. 이것이 주식 투자에서 실패하는 지름길이다.

저점에서 사면 손절할 필요가 없다

주식 투자에 관해서 워런 버핏은 '돈을 잃지 않는 것이 중요하다'고 강조하고 있다. 그는 '첫째도 둘째도 돈을 잃지 않는 것이 가장 중요한 원칙'이라고 말한다. 초보자들은 이 말을 알고 있지만 어떻게 해야 돈을 잃지 않는지 모른다. 돈을 잃고 싶어 하는 사람은 아무도 없다. 우리가 주식을 사는 순간부터 주가는 떨어지기 시작한다. 주식을 팔면 오르고 사면 내린다. 거기에 대응해서 매매를 하다 보면 계속 돈이 줄어든다.

특히 단기 투자는 물론 중기 투자에서는 주식을 아무 때나 사면 안 된다. 대개 우리는 누가 주식을 추천하면 무조건 사고 본다. 사전에 그 주식에 관해 공부하지 않고, 심지어 차트도 보지 않고 목돈을 투자하고 본다. 그래서 주식에서 실패하는 것이다. 주식은 가격이 비싸다고 판단되면 가격이 내릴 때까지 기다려야 한다. 저점에서 반등하기 시작할 때가 바로 매수할 때다. 저점에서 사면 굳이 손절할 필요가 없다. 주가가 그 밑으로는 내려가기가 어렵기 때문이다.

일부 전문가는 10% 이하로 떨어지면 무조건 손절하라고 말하고 있다. 손절을 자주 하다 보면 투자한 돈이 거덜난다. 누가 좋은 주식을 추천하면 먼저 충분히 공부해야 한다. 그리고 그 주식이 가능성이 있다고 판단되면 저점에 왔을 때까지 기다려야 한다. 저점에서 매수하면 손실을 볼 이유가 없다. 과거 3~5년 동안 경우에 따라서는 과거 10년간 차트를 통해 가격 변화를 보고 저점을 추정해야 한다. 저점에서 매수를 하면 더 이상 밑으로 내려갈 것이 없다. 이를 '하방이 닫힌 투자'라고 말한다.

보통 사람들은 주식을 살 때 바닥에서 사지 않는다. 그러니 투자에서 손실을 볼 수밖에 없다. 필자가 누누이 강조하지만, 주식은 저점이나 저점에서 반등할 때 사야 한다. 이것만 지켜도 주식 투자에서 전혀 손해를 보지 않는다. 왜 주식 투자에서 손해를 보는가? 바로 이 원칙을 지키지 않았기 때문이다. 그리고 저점이라고 매수했는데 거기서 더 떨어질 수 있다. 그러면 떨어질 때마다 추가로 분할 매수하면 된다.

바닥에서 샀기 때문에 크게 손실을 볼 염려는 거의 없다. 혹시 거기서 더 떨어졌다 해도 손실은 거의 미미한 수준이다. 그리고 그 이후 할 일은 끈질기게 기다리는 것이다. 최소 수개월에서 최대 5년을 기다리면 거의 99% 주가는 오르게 되어 있다.

좋은 기업의 리스트를 작성하고 때를 기다려라

주식 투자는 매일 호가창을 들여다보고 주가의 변화에 따라 감정이 흔들려서는 안 된다. 자신의 직장생활이나 본업에 충실하면서 일주일에 두세 시간씩 틈틈이 주식 공부를 하는 것이 바람직하다. 주식 공부란 바로 좋은 기업을 찾는 것이 바로 주식 공부다. 요새같이 인터넷이 발달하고 정보의 홍수 시대에는 노력만 하면 얼마든지 좋은 기업을 찾을 수 있다.

좋은 기업은 시장 지배력이 있고, 경제적 해자를 가진 기업을 말한다. 재무구조가 건실하고 저평가된 기업을 고르는 것이 중요하다. 또한 꾸준한 매출과 영업이익의 증가가 나타나는지를 살펴봐야 한다. 그리고 지속적인 혁신을 하고 있는지, 미래의 비전을 갖고 나아가고 있는지를 파악한다. 이러한 조건을 충족시키는 기업을 노트에 기록한다. 그리고 이러한 기업들의 주가 변동을 관심을 가지고 지켜본다. 만약 외부의 영향으로 주가가 폭락하거나 저평가되어 있다면 이런 기업의 주식을 적극적으로 매수하길 바란다.

또 한 가지 방법으로는 사람들에게 인기가 좋고 잘 팔리는 상품을 제조해서 판매하는 기업들도 평소에 관심을 가진다. 또한 높은 브랜드의 가치를 보유한 기업을 찾는다. 아울러 각 섹터의 1위 기업을 모두 노트에 정리해 놓았다가 거시경제의 영향으로 주가가 폭락할 때까지 기다렸다가 사는 것이다. 좋은 주식을 아무 때나 사면 안 된다. 반드시 쌀 때 사야 한다.

주식 투자는 사실상 매우 간단하다. 성장성 있는 좋은 주식을 싸게 사서 장기보유를 하면 된다. 그런데 사람들은 좋은 주식을 사서 오래 기다리지 못하고 20~30% 오르면 팔아 버린다. 큰돈을 벌고자 한다면 적어도 5~10배 혹은 그 이상의 수익을 목표로 정하고, 팔지 말고 오랫동안 가지고 있어야 한다.

평소에 좋은 기업을 찾기 위해 항상 노력해야 한다. 특히 경제 기사를 통해서 미래에 전망 있는 스타트업을 눈여겨보고 기사를 스크랩한다. 인터넷이나 유튜브를 검색해 보면 주식의 전문가나 고수들이 미래 유망한 업종이나 기업을 알려주고 있다. 이러한 정보를 잘 기록해서 정리해 놓는다.

또한 내가 잘 아는 기업 중에서 잘 나가는 기업을 리스트에 올린다. 주위 사람들이 많이 쓰고, 평판이 좋은 기업이 무엇인지 파악한다. 주위에 새로 들어선 점포가 어떤 것이고 그 점포의 평판과 팔고 있는 제품에 대한 소비자 반응을 살펴본다. 특히 신문에서 전문가들이 분석한 미래 트렌드를 살펴보고 그 분야에서 제일 앞서가는 기업이 어떤 기업인지 파악한다.

반드시 좋은 기업을 찾겠다는 각오를 갖고 노력을 한다면, 얼마든지 미래에 성장하는 기업을 찾을 수 있다. 미래의 기술 트렌드가 무엇이고 어떤 세상이 펼쳐질지를 상상하면서 거기에 적합한 기업을 찾는다. 그리고 좋은 기업들을 노트에 하나하나 일목요연하게 정리해 놓는다.

평소에 좋은 기업의 리스트를 만들어 놓고 상황을 예의 주시해야 한다. 그러다가 갑작스럽게 폭락장이 올 수 있다. 기업의 실적이 탄탄한데도 불구하고 외부의 영향으로 주가가 폭락하는 경우가 있다. 코로나 사태로 모든 우량주들이 폭락했다. 이때 좋은 우량주를 매수할 좋은 시점이다. 이러한 위기가 올 때를 기다렸다가 사고 싶었던 좋은 기업의 주식들을 매수할 기회로 삼는 것이다. 보통 1년에 한 번 많으면 두 번 정도 폭락이 오는데, 이때 매수하는 전략을 취하는 것도 좋은 방법이다. 버크셔 해서웨이의 찰리 멍거는 "현금을 들고 기다렸다가 정말 좋은 기회가 왔을 때 베팅해야 한다."라고 말했다.

폭락장이 왔다는 것은 바겐세일을 하는 기간이라고 보면 된다. 지수 추종 ETF 상품도 마찬가지다. 평소에 현금 비중을 적절하게 유지하고 있다가 대폭락장이 오면 모든 돈을 동원해서 주식을 다 쓸어 담아야 한다. 여기서 중요한 전제조건은 우상향한다는 확신이 들어야 한다. 이러한 확신은 그 기업에 관해 심도 있는 공부를 통해서 나온다.

장이 안 좋을 때는 투자하지 않는다

주식시장이 약세장으로 들어가는 경우 안전자산의 비중을 높이고 주식 투자의 비중을 줄여야 한다. 물론 신규 투자도 하지 말아야 한다. 예를 들어 1억을 투자하고 있다면 1~2천만 원 이하로 주식의 비중을 줄이고 8~9천만 원을 안전자산으로 이동시키는 것이다. 보통 하락 추세가 1~3년 간다고 봤을 때 그 기간 동안 신규 투자를 하지 말고 기존의 투자금을 빼서 현금자산이나 안전자산으로 옮기는 것이 좋다. 한 번 하락 추세로 전환되면 하락 기간 동안 주가는 계속 떨어지게 되어 있다. 바닥이라고 판단될 때까지 투자를 중단하는 것이 좋다. 주식 투자 금액은 소액만 남기고 대부분 자산을 안전자산으로 이동시키기 바란다.

하락 추세가 저점에 도달하고 그 후 반등이 시작될 때 평소에 좋은 기업 리스트에 올린 기업에 다시 투자한다. 여기서 중요한 것은 주식시장이 좋지 않다고 해서 완전히 발을 빼서는 안 된다는 점이다. 주식시장이 좋지 않다고 완전히 발을 빼면 향후 좋은 기회를 놓치게 된다. 저점을 포착하기 위해 일부는 계속 주식시장에 발을 담그고 있어야 한다. 그 대신 반등할 때까지 투자를 중단하는 것이 좋다. 소액이라도 계속 주식에 투자하고 있으면 그 종목의 주가 변화에 관심을 갖게 되고, 주가가 바닥에 도달했을 때를 포착할 수 있게 된다.

주식은 오르면 반드시 내려가게 되어 있다. 장기적으로 성장주인 경우라면 주가의 변동에 크게 신경 쓰지 않아도 된다. 그렇지 않은 주식이라면 고점에서 약세장으로 변화될 때는 일부만 남겨놓고 나머지를 안전자산으로 이동시켜야만 한다. 원하는 목표 수익률에 도달했다면 수익의 50% 이상을 현금자산이나 안전자산으로 옮겨 놓는다. 계속해서 수익이 나면 마찬가지로 수익의 50%를 다시 안전자산으로 이동시켜 놓는다. 그렇게 하면 나의 자산을 지킬 수가 있다.

보통 초보자들이 하는 대표적인 실수는 목표 수익률에 도달했음에도 불구하고 이익의 일부를 이동시키지 않고 그냥 놔두다가 주가가 다시 하락하여 이익을 날려버리거나 원금에서 손실을 보게 되는 경우다. 따라서 수익이 났을 때 수익의 일부를 안전자산으로 반드시 이동시켜야만 수익을 지킬 수 있다는 사실을 명심해야 한다.

이럴 때는 주식을 팔아라

좋은 주식을 장기 투자를 했더라도 더 이상 성장이 어렵다고 판단되면, 그 주식을 매도해야 한다. 기업이 성숙기를 지나 정체기에 도달했다면, 성장이 기대되는 기업으로 바꿔타는 것이 바람직하다. 전자 및 가전제품에서 한때 일본의 소니 제품이 전 세계를 휩쓸면서 엄청난 성장을 이루었지만, 새로운 기업 삼성, LG가 치고 올라오면서 더 이상의 성장 능력을 상실하였다. 한마디로 경쟁력에서 후발주자에게 뒤지게 된 것이다. 만약 여러분이 일본 소니에 투자를 했다면 과감히 삼성, LG로 갈아타야만 하는 것이다.

또한 기업이 처음에 추구했던 경영이념이나 경영철학을 훼손하는 행위를 하고 경영진이 본업에 소홀히 하면서 엉뚱한 일에 신경을 쓸 때도 매도를 해야 한다. 자신이 잘 알지도 못하는 곳에 문어발식으로 확장을 꾀하다가 하루아침에 망하게 된다.

기업은 내실을 탄탄하게 다지면서 자신의 역량의 한도 내에서 차근차근 발전을 기해야 한다. 그럼에도 불구하고 단시간 내에 무리하게 확장하다가 회사가 도산하게 되는 경우를 많이 본다. 경영에는 신경 쓰지 않고 엉뚱한 짓을 벌이는 기업이 있다면 미래가 불투명하다고 간주하는 것이다. 전환사채 발행, M&A, 부동산 투자 등을 하면 조심스럽게 매도를 검토해야 한다.

현재 투자하고 있는 기업보다 더 좋은 회사가 나타났을 때도 매도를 고려해야 한다. 새로 부상하는 기업의 제품이 성능이나 품질면에서 더 경쟁력을 가지고 있다면 기존의 투자한 기업의 주식을 팔고 새로 부상하는 기업으로 갈아타야 한다. 과거에 전 세계를 호령했던 유럽의 핸드폰 업체인 노키아가 있었다. 하지만 삼성의 핸드폰이 경쟁자로 급부상하게 되었다. 결국 삼성 핸드폰이 노키아 제품을 압도하면서 노키아 핸드폰은 역사 속으로 사라지게 되었다.

기업이 미래의 확고한 비전을 가지고 끊임없이 기술개발과 혁신을 추구하는지를 살펴봐야 한다. 혁신적인 제품을 정기적으로 시장에 내놓고 있는지, 남이 쉽게 따라오지 못하도록 진입장벽을 높이고 있는지, 확고한 브랜드 가치를 보유하고 있는지를 살펴보고 이러한 점에서 경쟁사보다 뒤떨어지고 있다면 매도를 고려해야 한다.

집중투자와 분산투자 원칙

주식 투자를 하다 보면 이것에 투자했을 때 큰 수익이 예상된다는 확신이 드는 경우가 있다. 자신이 100% 확신이 들 때는 집중투자를 하는 것이 좋다. 예를 들어 기업이 탄탄하고 매출도 안정적인데 기업 외적인 영향으로 폭락해서 바닥을 횡보하고 있다. 그런데 새로운 기술을 개발해서 신제품을 출시한다거나, 해외로 영업망을 확대한다거나, 미래의 새로운 프로젝트를 구상해서 획기적인 발전을 추구한다는 소식을 신문 기사를 통해 들었을 때 과감하게 집중투자를 해보는 것이다. 설사 안 되더라도 크게 손실 볼 가능성은 거의 없다.

분산투자는 자신이 확신이 생기지 않을 때 하는 것이다. 평소에 특별히 주가에 대해 확신이 서지 않으면 리스크 분산 차원에서 비교적 좋은 주식에 나눠서 분산투자를 하는 것이 좋다. 그러다가 거의 100% 확신이 생기는 종목이 발견되면 그때 집중투자를 하는 것이다. 하지만 수억 원에서 수십억 원 이상을 가지고 있다면 아무리 좋아도 몰빵투자는 피해야 한다. 투자 액수가 수억 원 이상인 경우 분산투자를 해야 나의 자산을 지킬 수 있다. 왜냐하면 아무리 내가 확신한다고 해도 인간이기 때문에 실수를 할 수 있기 때문이다.

예를 들면 자산이 5억 원 이상이 된다면 안전자산과 위험자산, 현금자산 등에 골고루 분산해서 투자하는 것이 좋다. 또한 장기 투자 2억 원, 중장기 투자 2억 원, 현금자산에 1억 원을 분산해서 운용하는 것이다. 경제 상황이 좋을 때는 현금자산을 비중을 줄이고 중장기 투자의 비중을 높인다. 경제 상황이 좋지 않을 때는 중장기 투자를 대폭 줄이고 안전자산과 현금자산의 비중을 높인다. 항상 경기 상황에 맞춰 적절하게 자산을 리밸런싱하는 것이 좋다.

 자산이 5천만 원 미만인 경우 1~3종목에 집중투자를 하는 것도 좋다. 1억 원 미만인 경우 2~4종목에 집중투자를 하는 것이 적절하다. 1억 원 초과 5억 원 미만인 경우 반드시 분산투자를 해야 한다. 5~10종목에 분산투자가 적절하다. 5억 원 초과 10억 원까지는 10 곳에 분산투자를 권한다. 자산이 많아질수록 자산을 안전하게 지키고 내 돈을 잃지 않기 위해 한 곳에 몰빵투자를 해서는 안 된다. 수십억 원 이상 거액의 자산을 가진 경우 안전자산, 현금성자산, 장기 투자, 중장기 투자 등에 나의 자산을 적절하게 분산해야 한다. 장기 투자, 중장기 투자 종목도 2~3종목보다는 다양한 종목에 분산투자를 하는 것이 좋다.

 아무리 수익이 크게 예상되어도 한곳에 나의 전 재산을 투자하면 한순간에 전 재산이 없어질 수 있다는 점을 명심해야 한다. 많은 사람이 그렇게 해서 인생의 나락으로 떨어졌다. 투자라는 것은 항상 리스크가 존재한다는 것을 잊어서는 안 된다. 지나치게 욕심을 부려 평생 모아온 전 재산을 한 곳에 투자하는 것은 반드시 피해야 한다. 이 책을 통해 재테크 전반에 대해 공부하고 나면, 이 세상에 투자할 곳이 많다는 것을 알게 된다. 자산이 많을수록 분산투자를 하여 리스크를 줄이려는 노력을 해야 한다.

5.

ETF는
자본주의의
꽃이다

ETF 장점에 주목하라

ETF(Exchange Traded Fund)란 시장지수를 추종하는 인덱스펀드를 주식처럼 거래소에 상장시켜 편리하게 거래할 수 있도록 만든 상장지수펀드를 말한다. 개별 주식을 고르는 불편을 없앤 펀드의 장점과 주식처럼 언제든지 거래할 수 있는 주식의 장점을 동시에 가졌다. 요즘에는 다양한 ETF 상품들이 개발되어 폭발적인 인기를 얻으면서 판매되고 있다. 자산운용사가 운용하고 자금은 수탁은행에서 관리하여 자금관리가 안전하다.

ETF는 보통 10종목 이상으로 포트폴리오가 구성되며 만기가 없다. ETF는 여러 섹터에 분산 투자하는 것이 그 특징이다. 분산 투자하기 때문에 개별 종목에 투자하는 것보다 리스크가 줄어든다. 미국 S&P500 ETF의 경우 꾸준히 우상향하기 때문에 장기적으로 안정적인 수익을 기대할 수 있다.

ETF는 자산운용사가 포트폴리오를 구성하는 종목을 내가 구매하는 것이기 때문에, 설사 자산운용사가 망하더라도 돈을 돌려받을 수 있어 안전한 상품이다. 개별 기업에 대한 전문적인 지식이 없다면 ETF 상품에 투자하는 것이 무난하다. 미래에셋에서 2023년 7월 퇴직연금 가입자 중 미국 ETF에 투자한 고객의 수익률이 가장 높았다. 3년 평균수익률이 25%였다.(나스닥100, S&P500, 필라델피아 반도체, 미국 테크 TOP10 등에 투자)

개인이 주식에 투자하는 것은 여러 가지로 리스크가 크다. 한 가지 종목에 집중해서 투자하면 그만큼 위험이 증가한다. 그 이유는 개별 종목의 주가 변동성이 높기 때문이다. 이러한 것을 피하는 방법은 여러 군데 나눠서 분산투자를 하는 것이다. 분산투자를 통해서 변동성을 줄여 손실의 가능성을 최대한 감소시키는 것이 중요하다. 주식 투자의 가장 큰 원칙 중의 하나는 돈을 잃지 않는 것이다. 주식 투자에서 돈을 버는 것보다 더 중요한 것은 내 돈을 잃지 않는 것이다. 돈 좀 벌려다가 내 돈을 날리는 경우가 많다.

내 돈을 잃지 않기 위해 변동성을 최대한 낮춰야 한다. 그 방법 중에 하나가 분산투자다. 한 군데 몰빵하지 않고 여러 종목에 나눠서 투자하는 것이 바로 그것이다. ETF는 최소 10개 종목 이상에 분산 투자한다. 개인이 분산투자를 하려면 많은 시간과 노력이 요구되며, 일하면서 분산투자 계획을 짠다는 것은 쉽지 않은 일이다.

ETF는 전문가들이 좋은 주식을 골라서 포트폴리오를 짜기 때문에 분산투자에 대해 신경 쓸 필요가 전혀 없다. ETF 종류에는 주식, 해외주식, 채권, 금, 은, 통화, 원자재 등에 투자하는 매우 다양한 상품들이 있다. 자신에게 맞는 ETF 상품만 고르면 그것으로 끝이다. 너무나도 쉽고 간편하다. 우리가 ETF 상품에 반드시 관심을 가져야 하는 이유다. ETF도 주식의 성격을 띄기 때문에 가격이 하락했을 때 매수하면 좋다. 향후 ETF 시장은 무한히 발전할 수 있는 분야라고 전문가들은 말하고 있다.

ETF 장점

- 분산투자로 리스크를 줄일 수 있다.

- 수수료가 펀드에 비해 50% 이상 저렴하다.

- 쉽게 사고팔 수 있어 빠른 환금성을 자랑한다

- 소액으로도 투자할 수 있다.

- ETF 자산 운용의 투명성이 높다.

- 주식 투자보다 안전하다.

- 각종 섹터별 ETF 등 상품이 매우 다양하다.

- 인버스 투자도 가능하다.

<참고>
일반 펀드 수수료는 2%이지만 ETF는 운용수수료가 0.5%로 저렴하다. ETF는 매일 편입자산 규모와 현재 가치를 공시하기 때문에 투명하다.

ETF 거래 요령과 세금

ETF 상품을 고를 때 자산의 규모가 큰 곳을 고르는 것이 가장 중요하며, 여기에 덧붙여 수수료가 비교적 저렴한 곳을 선택하여 투자하는 것이 바람직하다. 자산의 규모가 너무 작으면 원할 때 거래가 쉽지 않다. 또한 수수료가 비싸지 않은지를 따져보는 것도 중요하다.

ETF도 주식과 마찬가지로 원금 손실 위험이 있다. 공부를 통해서 리스크를 줄이는 노력을 해야 한다. PDF(자산구성내역) 내 개별 기업이 파산하면 그 비중만큼 손실이 발생한다. 따라서 우량기업 위주로 PDF를 구성할 필요가 있다. 거래량이 적은 ETF는 가격이 왜곡될 가능성이 있다. 거래량이 적으면 NAV(순자산가치)에 비해 비싸게 혹은 낮게 거래될 수 있어 현재가가 급변동할 수 있다.

ETF 세금 및 자산운용사

증권거래세를 내지 않는다. 배당 및 양도소득세의 경우 국내 주식형 ETF의 경우 비과세다. 해외 상장 ETF는 양도세와 배당세를 내야 한다. PDF에 국내 주식형 ETF는 국내 주식 세법 따른다. 배당소득세 15.4%와 금융소득 종합과세 대상이다. 국내 주식과 국내 주식형 ETF는 매매 차익에 대한 세금이 부과되지 않으나, 기타 ETF는 매매 차익에 대해 15.4% 배당소득세가 부과된다.

매매 차익 과세

국내 기타 ETF는 매매 차익에 대해 배당소득세 15.4%가 부과되고, 해외 상장 ETF는 해외주식처럼 매매 차익에 대해 양도소득세 22%를 분리과세 한다.

배당소득세

국내 주식형 ETF, 국내 기타 ETF, 해외 상장 ETF는 분배금에 대해 15.4%의 배당소득세가 원천 징수된다.

증권거래세

주식을 매도할 때 증권거래서 0.3%가 부과되나 ETF나 ETN의 경우 증권거래세가 없다.

세계 3대 자산운용사

1) 블랙록(BlackRock)

   운용자산 9,000조 iShares라는 브랜드 사용,

2) 뱅가드(Vanguard)

   운용자산 7,000조

3) 스테이트 스트릿(State Street Global Advisors, SSGA)

   운용자산 3,200조

S&P500 ETF에 투자하라

펀드의 장점을 모두 가지고 있으면서 수수료는 더 저렴한 ETF 상품이 매우 인기다. ETF 상품이 펀드처럼 원하는 것들만 모아 만들었기 때문에 개인 투자자가 일일이 신경 쓸 필요가 없다. 게다가 수수료까지 펀드에 비해 낮게 되어 있으니 금상첨화가 아닐 수 없다. 워런 버핏은 "나의 전 재산의 90%를 ETF 상품에 넣고 나머지 10%를 채권에 넣어달라!"라고 유언하겠다고 공언하였다. 그만큼 ETF 상품의 우수성을 가리킨 말이 아닌가 생각된다.

여기서 말하는 ETF 상품은 'S&P500을 기초지수로 추종하는 ETF 상품'을 말한다. 미국 상위 500개 기업에 분산하여 투자하기 때문에 안정적인 수익을 기대할 수 있어 적극적으로 추천한다. S&P500 ETF 상품은 미국에서 제일 좋은 기업들 500개 기업으로 구성되어 있다. S&P500 ETF 상품은 11개 섹터에 골고루 분포되어 있어 변동성이 비교적 작다는 점이 장점이다.

주식 투자를 하려면 전문가적인 분석 능력과 지식이 있어야 한다. 물론 기업에 대해 충분한 공부를 한다면 그러한 것들을 갖출 수 있다. 하지만 초보자들이 기업을 분석하고 성장성을 따지고 기업의 내재가치를 파악하기가 쉽지 않다. 그 이유는 주식 공부에 상당한 시간과 노력이 투자되어야 하기 때문이다. 바쁜 직장인들이 하기에는 어려운 일이다.

반면에 S&P500 ETF는 검증된 만큼 초보자라도 얼마든지 안심하고 투자할 수 있다. 오랫동안 투자해 놓으면 자산이 평균 이상으로 굴러가게 되어 있어 이것만큼 좋은 투자처를 발견하기 힘들다. 집중투자와 분산투자와 경쟁하였을 때 장기적으로 보면 오히려 분산투자가 더 수익률 낫다는 것이 전문가의 의견이다.

2008년 워런 버핏과 헤지펀드가 내기를 걸었다. 워런 버핏은 S&P500지수에 투자했고 헤지펀드는 액티브펀드에 투자했다. 10년이 지난 결과, 워런 버핏은 연평균 수익률이 7.1%인 반면, 액티브펀드의 수익률은 2.2%에 불과했다. 뛰어난 펀드매니저도 지수를 추종하는 인덱스펀드의 수익률을 이길 수가 없었다. 이것이 인간의 한계이며 아무리 유능한 펀드매니저라 해도 단기적으로 미래의 주가를 예측한다는 것이 얼마나 어려운지 알 수 있다.

* 기초지수: 해당 펀드가 추종하는 지수

우리가 여기서 알 수 있는 것은 분산투자의 중요성과 장기 투자의 중요성이다. 투자는 '시간에 투자한다'는 의미다. 오랜 시간을 투자할수록 자산은 기하급수적으로 늘어나게 되어 있다. 물론 상품을 잘 골라야 한다. 모든 상품이 다 그렇다는 것은 아니다. 하지만 S&P500 ETF 상품은 시간이 지날수록 나의 재산을 끊임없이 불려 줄 것이다.

자산운용사별 S&P500 ETF 상품

상품	자산운용사	운용자산	수수료
SPY	스테이트 스트릿	400조	0.09%
VOO	뱅가드	332조	0.03%
IVV	블랙록	384조	0.03%
Tiger	미래에셋	1.4조	0.07%

* S&P500의 과거 100년간 연평균 수익률은 12%였다.

2012~2020년 연평균 수익률 (9년간)

SPY 504개 종목 연평균 13.48%

QQQ 100개 종목 연평균 22%

공격적인 투자자는 나스닥100에 도전하라

나스닥에 상장된 상위 100개 종목을 기초자산으로 만들어진 ETF 상품이다. 미국 최고의 기술주들로 구성되었다. 애플을 비롯하여 마이크로소프트, 엔비디아, 알파벳(구글), 아마존, 메타, 테슬라 등이 포함되어 있다. 대표적인 상품으로는 미국 자산운용사 Invesco에서 만든 QQQ ETF다. 빅테크기업들이 주로 많이 포진되어 있으며 금융주는 제외되었다. 기술주 중심이기 때문에 다양성이 SPY에 비해 떨어지며, 성장주 ETF라고 볼 수 있다. 변동성이 SPY에 비해 높다.

S&P500이 19% 하락할 때 나스닥은 33% 하락했다. 즉 나스닥은 S&P에 비해 올라갈 때 더 많이 오르고 내려갈 때 더 많이 내려간다. 나스닥은 주가가 폭락했을 때 들어가면 수익을 더 많이 낼 수 있다. 장기적으로 나스닥100 ETF 상품의 연평균 수익률은 약 15% 정도 된다. 좀 더 공격적이고 위험을 감수하는 스타일이라면 나스닥100 ETF 상품을 함께 섞어 투자하는 것을 추천한다.

나스닥100 ETF는 장기적으로 투자하는 것이 적합하다. 변동성이 크기 때문에 나스닥100 지수가 폭락했을 때마다 투자 금액을 크게 늘리는 전략을 사용한다. 평소에는 S&P500 ETF에 투자 비중을 크게 하고, 나스닥이 폭락장이 오면 나스닥100 ETF에 투자 비중을 대폭 늘리는 것이다. 예를 들어 S&P500에 70%, 나스닥100에 30%를 투자하다가 폭락장이 왔을 때 S&P500 ETF에 50%, 나스닥100 ETF에 50% 비중으로 투자를 하는 것이다.

나스닥100 ETF는 기술주에 투자하는 것이기 때문에 미국 기술 주식 시장의 변동성을 반영하고 있다. 기술주는 경기 상황에 따라 변동성이 매우 크기 때문에 단기 투자를 해서는 리스크가 크다. 따라서 장기적으로 매월 분할 매수를 하는 가장 좋은 전략이다. 모든 투자가 그렇듯이 미래 우상향하는 것에 장기 투자를 하는 것이 성공하는 길이라는 점을 다시 한번 강조한다.

3배 레버리지 상품의 위험성을 인식하자

TQQQ(Tripled QQQ) ETF는 나스닥 3배 레버리지 상품이다. TQQQ는 매우 위험한 상품이기 때문에 섣불리 달려들어서는 안 된다. 1배 상품인 QQQ가 30% 하락하면 3배 상품인 TQQQ는 90%가 빠지기 때문에 거의 원금이 녹아내린다. 이를 회복하는 것은 거의 힘들다. 33% 올라갈 때 99% 상승해서 원금의 약 2배가 되지만 -33%가 되면 거의 원금의 99%가 날아간다. 예를 들어 100만 원을 투자해서 33%가 하락했다면 3배수로 99% 손실을 보게 되어 단지 1만 원밖에 남지 않는다. 그 후 33% 상승했다고 치면 3배수로 99% 상승해서 원금 99만 원이 되는 것이 아니라 겨우 2만 원 미만이 되는 것이다.

33% 하락하면 원상회복하는 데 무려 20년이 걸린다. 이러한 점이 무섭다. 레버리지 효과로 MDD(최대 낙폭)가 더 크고 손실이 더 커진다. 목돈을 장기 투자 시 1배수 투자인 QQQ를 선택하는 것이 좋다. TQQQ는 3배씩 떨어지기 때문에 지수가 원상회복이 된다고 해서 원금을 회복할 수 없다. 변동성이 빈번하게 발생하면 원금이 완전히 녹아내리게 되어 있다.

한마디로 정리하자면 TQQQ 상품은 레버리지를 3배 활용하는 상품으로서 올라가는 것은 3배로 한정되지만 내려가는 것은 거의 기하급수적으로 내려간다고 생각하는 것이 이해가 쉽다.(마이너스 복리 효과) 올라갈 때 3배이지만 한번 폭락하면 영영 헤어나기 어렵다. 33% 이상 하락한다면 원금이 완전히 없어지기 때문이다. 따라서 섣불리 달려들다간 돈을 다 날리게 된다.

그나마 나은 투자 방법은 떨어질 때마다 혹은 완전 바닥에서 적립식으로 투자하는 방식이다. 저점에서 적립식으로 고점에 도달할 때까지 매수하는 것이 가장 안전하다. 반드시 저점에서 시작해야 한다는 점이 가장 중요하다. 그리고 고점이라고 생각했을 때 투자자금을 빼서 대부분을 안전자산으로 옮기는 노력이 필요하다. 평소에 1배 상품인 QQQ에 투자하다가 폭락이 왔을 때 분할 매수하는 전략을 사용하는 것이 좋다.

* 결론: 3배 레버리지 상품은 가능한 한 투자하지 않는 것이 상책이다.

기타 레버리지 상품

QLD: QQQ의 2배 레버리지 상품

PSQ: QQQ의 인버스 상품

QID: QQQ의 2배 인버스 상품

SQQQ: QQQ의 3배 인버스 상품

SOXL: 필라델피아 반도체 3배 레버리지 상품

SOXS: 필라델피아 반도체 3배 인버스 상품

한눈에 보는 ETF 용어 정리

	설명
KOSPI200 ETF	코스피 상위 200종목에 분산 투자하는 ETF
티커(Ticker)	주식 이름을 줄여 부르는 말
버핏 지수(Buffet Indicator)	주식시장의 과열 여부를 판단하는 지표로서 시가총액/GDP x 100으로 계산한다. 100을 기준으로 높으면 과열로 보고, 낮으면 저평가된 것으로 본다.
레버리지 ETF	시장대표지수의 2배 수익을 추구한다. 반대로 손실도 2배가 난다. 상승과 하락이 빈번하게 일어날 경우 레버리지는 손실이 더 크게 나타난다. 그러므로 상승과 하락이 수시로 일어나거나 하락만 주로 나타나는 경우 손실이 발생한다는 점을 인식하고, 레버리지는 확실하게 상승장이라고 판단될 경우에만 신중하게 사용해야 한다.
인버스 ETF	하락할 때 수익이 나는 구조. 인버스 ETF는 하락장에서 수익이 발생하기 때문에 보통 ETF와 인버스 ETF에 동시에 투자하면 어떤 방향이든 수익을 낼 수 있다. 이러한 투자를 '양방향 투자'라고 한다. 기관의 경우 상승장과 하락장에서 모두 수익을 올리고 있다. 개인도 인버스 ETF에 가입하면 양방향 수익을 올릴 수 있다.(롱숏전략)
곱버스	하락 시에 2배의 수익이 나는 상품(곱하기+인버스)
모멘텀 ETF	모멘텀이 좋은 종목으로 구성해 투자한다.
퀄리티 ETF	재무구조가 건전하고 우량주에만 선별해서 투자하는 ETF이다. 기업의 안정성과 지속적인 이익 창출 능력을 가진 기업에 투자하는 ETF다.
EMP(ETF managed portfolio fund)	여러 ETF에 분산해서 투자하는 펀드로서 '초분산 투자'라고 말할 수 있다. 8% 정도의 중수익을 추구한다.
PDF(Portfolio Deposit File)	'자산구성내역'을 말하며 투자자산의 종목과 비중을 나타낸다.
LP(Liquidity Provider)	유동성공급자. 거래량이 없을 경우 매도 및 매수 물량을 의무적으로 공급하는 역할을 한다.
LP제도	LP증권사가 유동성을 공급하기 위해 의무적으로 매도 및 매수 물량을 호가에 걸어 두는 것을 말한다. LP증권사는 호가 스프레드(차이)를 수익으로 챙긴다. 거래 안정화, 주가 안정, 저평가 탈피를 목적으로 LP제도를 도입한다. LP증권사는 NAV(순자산가치)보다 떨어지면 매수하고, 올라가면 매도하는 전략을 취해 주가의 왜곡을 방지하는 기능을 한다.
NAV(Net Asset Value)	순자산가치. 상장지수펀드가 보유한 기초자산 가치의 합에서 비용을 뺀 순자산가치를 말한다. 순자산총액을 발행 증권 수로 나누면 순자산가치가 계산된다. NAV는 장 종료 후 하루에 한 번 계산 된다. ETF의 기준 가격으로 사용하고 있다.
iNAV(Indicative Net Asset Value)	실시간 추정순자산가치. 시장가격이 기초자산 가격 변동에 따라 움직이도록 거래소에서 실시간으로 제공하는 NAV를 말한다.
벤치마크(Bench Mark)	기준이 되는 점. 주식시장에서는 시장지수의 수익률을 말하는데 예를 들면 코스피지수, 다우존스지수 등을 가리킨다. 펀드매니저가 올린 수익률과 비교 시 사용된다.
괴리율(Disparate Ratio)	ETF의 순자산가치와 시장가격의 차이 비율. 보통 시장가격이 NAV보다 높으면 가격이 높다고 말한다. 포트폴리오의 가격 변동과 벤치마크의 가격 변동 간의 차이를 말한다.
추적오차(Tracking Error)	기초지수의 수익률과 ETF 수익률이 어느 정도 일치하고 있는지 알려주는 지표
분배금	ETF에서 나눠주는 배당금
리밸런싱(Rebalancing)	자산의 편입 비중을 재조정하는 것

6.

배당주 투자는
나의 인생을
든든하게 만든다

배당주로 경제적 자유를 얻자

워런 버핏은 "잠자는 순간에도 돈을 벌어주는 수단이 없다면 당신은 평생 일을 해야만 한다."라고 말했다. 여러분이 부자가 되기를 간절히 바란다면 내가 일하지 않고 잠을 자고 있어도 돈이 불어나는 시스템을 만드는 것이 중요하다. 언제까지 나가서 힘들게 돈을 벌 수는 없지 않은가. 젊었을 때부터 적절한 투자를 통해서 돈이 자동으로 내 통장에 들어오게 만들어야 한다.

그 방법의 하나는 배당주에 투자하는 것이다. 우리는 배당주에 투자하는 것에 관심을 가질 필요가 있다. 배당금은 기업이 돈을 벌어 주주들에게 나눠주는 돈이다. 배당주에 투자함으로써 노후에 편안하게 현금흐름을 죽을 때까지 만들 수 있다. 노후에 일하지 않아도 매달 수백만 원 혹은 수천만 원이 내 통장으로 들어오게 해야 한다.

주식이 폭락할 때 배당주에 투자하면 높은 배당수익을 올릴 수 있다. 또한 금리가 인상하는 시기에는 고배당주나 고배당 ETF에 투자해서 싸게 고배당주를 사는 방법도 현명한 일이다. 배당주를 싸게 사는 경우에 10%의 배당 수익도 올릴 수 있다. 고배당주를 주가가 폭락할 때 투자해 놓으면 10%의 배당을 꼬박꼬박 받을 수 있어 좋다.

우리나라는 배당성향이 20%가 채 안 된다. 그에 반해 선진국들은 30~40% 정도 되며 신흥국들조차도 39%의 배당성향을 나타내고 있다. 선진국이나 신흥국에 비해 배당이 너무 적다 보니 한국 주식에 대해 코리아 디스카운트 현상이 나타나고 있다. 따라서 필자는 여러분이 미국 고배당주에 관심을 갖고 투자하기를 추천하고 싶다.

만약 여러분이 60세에 100억 원의 자산을 가지고 있어 매년 10%의 배당 수익을 올리는데 투자했다면, 한 달에 거의 1억 원의 수익을 챙길 수 있는 것이다. 나이가 많은 분들에게는 주식 투자보다는 정기적으로 배당금이 잘 나오는 고배당주에 투자해 놓고 매달 배당을 받는 것이 좋다. 노후에 일하지 않고 배당금만으로도 안정적인 생활을 충분히 유지할 수 있다.

배당주는 변동성이 낮은 편이다. 배당주는 올라갈 때 적게 올라가고 내려갈 때 적게 내려간다. 주가가 매우 안정적인 흐름을 보인다는 점이 장점이자 단점이다. 배당주는 일반 주식이 크게 상승할 때 많이 오르지 않는 단점이 있지만, 일반 주식이 손실을 볼 때 배당주는 손실을 메꿔주는 역할을 한다. 물론 배당주의 주가도 급락할 수 있고, 경영 사정으로 배당을 못할 수도 있다는 점을 알아두어야 한다. 결론적으로 배당주의 주가는 안정적이지만 큰 주가 상승은 기대하기 힘들다.

장세가 좋지 않을 때는 배당주로 자금을 이동시켜 나의 자산을 지키는 것이 좋다. 경기가 좋을 때는 공격적으로 투자하는 것이 좋지만, 경기가 좋지 않을 때는 공격적으로 주식에 투자하다 보면 큰 손실을 볼 수 있다. 이럴 때는 안정적인 배당주로 자금을 이동시켜 나의 자산을 보호하는 것이 좋다.

월급 80%를 배당주에 투자해 반퇴하다

최근에 한 신문의 기사에 따르면 '일본에 사는 현재 30대인 호타카씨는 대학 졸업 후 미쓰비시상사에 입사하여 7년 반 동안 월급의 80%를 주식에 투자하였다'고 한다. 그가 모아 투자한 돈은 약 7억 원 정도라고 한다. 그는 2019년에 과감하게 반퇴(semi-retire)하기로 결정했다. '세미리타이어'란 조기 은퇴를 하지만 생계 활동을 멈추지 않고 파트타임 등으로 일정 수입을 얻는 것을 의미한다. '현재 그의 자산은 10억 원으로 오히려 늘어났다'고 한다.

그는 인터뷰에서 "어릴 때부터 돈이 있으면 인생의 선택지가 늘 것이라고 생각했다. 14세부터 외환거래에 관심을 가졌고, 이후에는 주식 투자를 시작했다. 일본의 획일적인 사고방식에서 벗어나고 싶었다"고 말했다. 이를 위해서 경제적인 자유가 필요하다는 것을 느끼고 사회 생활을 시작하자마자 준비하고자 결심했다고 한다.

그는 월급의 80%를 주식에 투자했다. 연봉이 높았기에 가능했다. 그는 지출의 최적화를 실천했다. 무조건 지출을 줄이는 것이 아니라, 내 가치관에 따라 경제활동을 적절하게 취사선택하는 것이 바로 지출의 최적화다.

"세미리타이어를 한 후 진정한 자유를 누릴 수 있었다. 내가 좋아하는 일을 생계 활동으로 하기 때문에 일을 하면서도 짜증이 나지 않는다. 내가 의사 결정을 하고, 책임도 전적으로 내가 진다. 결과가 좋지 않아도 납득할 수 있다."

"좋은 주식을 사면 배당금이 쌓여가는 것이 눈에 보이기 때문에 강한 동기부여가 된다. 현재 배당금이 생활비보다 많아 생활에 전혀 불편함이 없다. 배당 투자는 외환거래(FX)보다 안전하지만, 개별주 역시 종목 분석이나 배당 감소 등 리스크가 있기 때문에 상장지수펀드(ETF) 투자를 그는 권한다. 그는 "ETF도 분배금이 줄어드는 경우도 있으나 미국 ETF처럼 장기적으로 성장하는 패턴을 보이는 나라에 투자하면 위험이 적다."라고 말했다.

_2022. 1. 11일자 조선일보 기사 요약

여러분도 호타카씨처럼 조기 은퇴를 꿈꿔보시길 바란다. 하루빨리 내가 원하는 일을 하면서 사는 것이 우리 모두의 바람이지 않은가. 인생의 진정한 주인이 되고 싶다면, 먼저 경제적인 자유를 획득해야 한다.

미국 배당성장주로 53억 모은 40대 이야기

일본 재테크 책의 베스트 셀러 작가인 버핏 타로는 약 20년 동안 고배당 우량주 10개 종목에 꾸준히 투자하여 6억 엔을 모았다. 그는 매년 들어오는 배당금을 재투자하여 복리효과를 누렸으며, 20대에 배당주에 투자하여 41세인 지금 그가 모은 돈은 한국 돈으로 53억 원이 되었다. 그가 쓴 책『미국 배당주 투자』는 20만 부가 넘게 팔렸다.

그는 돈이 돈을 버는 구조를 만들기 위해 자신만의 머니머신(돈기계)을 창안했다. 그것은 바로 미국의 초대형 고배당주 10개 종목에 똑같이 10%씩 투자하는 것이었다. 즉 코카콜라, 맥도날드, 존슨앤존슨, 월마트, 엑손모빌, IBM, 버라이즌, 프록터앤갬블, 필립모리스, 알트리아그룹 회사에 투자하였다. 그가 미국 고배당주에 투자를 고집하는 이유는 "미국은 30년 이상 배당을 증가시키는 회사가 100개 이상인데 반해, 일본은 고작 1개 회사이기 때문이다."라고 말했다.

그가 20년 만에 6억 엔을 모을 수 있었던 이유는 배당을 나올 때마다 절대 쓰지 않고 재투자를 했기 때문이다. 또한 다른 사람들이 배당주가 약세장에 달할 때까지 사지 않고 기다리지만 그는 매달 월말마다 꼬박꼬박 배당주를 매수했다. 그 이유는 약세장을 기다리다가 기회를 놓치기 때문이다. 그것이 큰돈을 모은 비결이다. 또한 그는 "주의할 점은 배당성장주를 고를 때 반드시 20년 이상 연속해서 배당을 늘려오고 있는지를 살피는 것이다."라고 말했다. "20년 미만이라도 사업 경쟁력이 높아 안정적인 배당이 가능하다면 그런 종목도 괜찮다."라고 덧붙였다.

그는 아직도 자신의 집을 소유하지 않고 월세 맨션에 거주하고 있다. 그는 "현재 부동산은 전혀 보유하고 있지 않지만, 나중에는 살지도 모른다."라고 이야기했다.

_2024년 5월 1일 조선일보 기사 요약

배당주 투자 요령 및 기타

- 배당이 잘 나오는 주식에 투자한다. 특히 우선주에 투자한다.

- 미국 고배당주와 한국 고배당주에 나눠 투자한다.

- 반드시 배당금을 재투자하여 복리효과(compound effect)를 누린다.

- 안정적으로 그리고 지속적으로 배당을 주는 회사를 선택한다.

- 펀더멘털이 좋은 기업을 고른다.(재무 상태, 매출 증가, 독점력, 성장성 등)

- 과거에 배당을 중단하거나 삭감하지 않았는지 살펴본다.

- 미래에도 꾸준하게 성장할 것인지를 파악한다.

- 배당주를 매수 시 분할 매수를 한다.

- 배당주 매수는 주가가 떨어지는 1월(배당 직후), 매도는 11월에 하는 것이 좋다.

- 배당주펀드나 배당 ETF를 사는 것도 좋다.

- 배당성향이 높은 기업을 선택한다.

- 실적이 매년 좋아지는 기업을 찾으면 지속적으로 배당이 나올 수 있다.

- 주가가 떨어졌을 때 배당주를 매수한다.

2022년 한국 고배당주

하나금융지주, KB금융, 신한지주, 우리금융지주, DGB금융지주, 기업은행, BNK금융지주, 삼성화재, 삼성생명, SK텔레콤, 현대자동차, 기아, KT&G

2023년 한국 대표적인 시가배당률 상위 주식

우리금융 4.5%, 하나금융 3.6%, KB금융 2.5%, 신한금융 1.2%

한국 고배당주 추천

은행 금융주, 금호석유, 효성TSC스판덱스, KT&G, 삼성전자, 현대자동차, SK 주식을 눈여겨 볼 필요가 있다. 이러한 고배당주를 싸게 사서 높은 수익률을 취하는 것이 좋다. 배당주들은 주가가 폭락했을 때 사면 좋은 수익률을 올릴 수 있다.

배당주 자격 및 지급

- 연말 배당일 기준 2영업일 전에 매수해야 배당 자격이 생긴다.

- 결산 3개월 이내 주주총회에서 배당금 지급을 결정한다.

- 배당금 지급 결정 후 1개월 이내 4월 말까지 배당금을 지급하게 된다.

알아야 할 기초 배당 용어

배당 용어	설명
배당성향	당기순이익에서 배당금으로 지급하는 비율(현금 배당금/당기순이익)
배당수익률	(주식배당금/주가) X 100
배당락	배당 기준일이 지나 배당금 받을 권리가 상실되는 것. 배당일이 지난 후 배당금액만큼 주가가 일시적으로 하락하는 현상
배당락일	배당을 받을 수 있는 날을 공시한 날짜. 다음날은 배당을 받지 못하게 된다. 배당락일에 주식을 보유하고 있어야 배당금을 받을 수 있다. 배당락일에 주식을 매입하는 투자자는 배당을 받지 못한다.
권리락	유상증자나 무상증자 시 신주를 받을 권리가 소멸하는 날에 주가가 하락하는 현상
고배당주	배당을 많이 주는 주식
배당성장주	배당이 계속 올라가는 주식
시가배당률	배당금을 1주 가격으로 나눈 것
주주환원율	배당과 자사주 매입과 소각을 합한 것(1년간 100원을 벌고 주주환원율이 30%라면 주주에게 30원을 돌려준다는 의미이다.)
배당킹	50년 이상 배당을 늘려온 기업(P&G, 코카콜라)
배당귀족	25년 이상 배당을 늘려온 기업
배당챔피언	10년 이상 배당을 늘려온 기업
미당족	미국배당성장주 ETF에 가입해서 노후를 준비하는 사람들

2021년 기준 각국의 배당성향 비교

한국 19%, 미국 37%, 영국 48%, 일본 27%, 신흥국 39%

각국의 주주환원율 비교

미국 89%, 선진국 68%, 개도국 38%, 중국 31%, 한국 28%

미국 대표 우량배당주에 관심을 갖자

SCHD

SCHD(Schwab US Dividend Equity) ETF는 배당금을 지급하는 미국 100개 기업의 시가총액의 지수를 추종하는 상품이다. 우량배당주를 모아놓은 상장지수펀드(ETF)다. 코카콜라, 펩시코, 브로드컴, 텍사스인스투루먼츠, 시스코시스템즈, 암젠, 에브비, 홈디포 등 10년 이상 꾸준히 배당을 지속한 미국의 대표 배당기업 100곳을 골라 만든 '다우존스 미국 배당 100지수'의 움직임에 따라 수익률이 결정된다.

지난 10년간 연간 평균 배당성장률은 12.2%였으며 연간 배당률은 3.6%였다. 배당을 포함해서 총 수익률은 11.7%였다. SCHD는 2023년 나스닥100 ETF가 40~50% 상승할 때 2% 상승했고 나스닥100 ETF가 33% 하락했을 때 SCHD는 6.5% 하락에 그쳤다. SCHD는 일반 주식에 비해 변동성이 적다는 것을 알 수 있다.

월 100만 원씩 SCHD에 투자 시 복리 효과

월 100만 원씩 SCHD에 투자하고 배당금을 재투자하는 경우 12년 뒤에 월 100만 원, 16년 뒤에 월 200만 원, 20년 뒤에 월 400만 원 이상의 배당금을 받게 된다.(마진콜) 은퇴용으로 SCHD를 이용하는 것도 좋은 방법이다. 우리가 잘 모르는 미국 주식에 투자하는 것보다 SCHD에 투자하는 것을 추천한다.

JEPI

JEPI(JPMorgan Equity Premium Income) ETF는 S&P500 우량기업을 추종하는 월배

당 상품이다. 커버드콜 전략을 사용하며 연평균 배당수익률은 8% 정도 된다. 월배당금으로 400만 원 정도를 받으려면 7~8억 원 정도 투자를 하면 된다.

커버드콜 상품

미국 배당성장주에 투자하면서 수익률이 일정하게 나오게 설계된 상품은 주식을 매입하면서 그 주식을 특정가격에 살 권리(콜옵션)를 매도하는 방식(커버드콜)을 활용한다. 특히 KB 자산운용에서 신상품으로 출시한 KBSTAR200 위클리 커버드콜 ETF는 월 1%의 배당을 주는 것을 목표로 판매하고 있어 주목을 받고 있다.

커버드콜 전략

주식(채권)을 가지고 있는 상태에서 콜옵션을 매수하는 방법이다. 콜옵션을 매수하는 이유는 주가 하락 리스크를 방지할 목적이다. 매수한 콜옵션을 매도하면 콜옵션 매수자는 만기일 또는 만기일 도래 전에 기초자산을 미리 정한 가격으로 매수할 수 있다. 이때 콜옵션 매도자에게 일정한 프리미엄(수수료)를 지급한다. 커버드콜 전략을 사용하면 기초자산에서 발생하는 이자, 배당 수입 그리고 콜옵션 프리미엄의 수익을 얻게 된다. 단점으로는 강세장에서는 주가 상승분을 포기해야 한다.

> **<참고>**
> - 월배당 ETF상품에 투자하다가 주가 폭락 시 QQQ에 투자하는 전략을 취하면 좋다
> - TQQQ가 고점에 도달했을 때 90%를 매도하여 배당주를 매수한다.(돈을 배당주로 이동)

미국 월배당 ETF 국내 인기 종목(2023년 6월 기준)

1) QYLD(글로벌엑스 나스닥 100 커버드콜)

   배당수익률 15.2%

2) SDIV(글로벌엑스 수퍼디비던드)

   배당수익률 13.1%

3) XYLD(글로벌엑스 S&P500 커버드 콜)

   배당수익률 12.6%

* 매월 지급하는 월배당 ETF는 생활비에 보탬이 되기 때문에 직장인이나 은퇴하신 분에게 유용하다.
* 국내 자산운용사에서 월배당 ETF 상품을 속속 도입하고 있다.

미국 고배당 ETF 상품

- 과거에는 금융주, 유틸리티주, 리츠주가 배당이 높았다.

- VYM(고배당주 ETF), VIG(연속배당주 ETF) 등을 추천한다.

- 고배당주보다는 높지 않지만 배당성장주 ETF도 눈여겨볼 만하다.

- 미국 킨텍스50 고배당주 ETF를 추천한다. S&P500 수익을 초과하는 경우가 많다.

* 지수가 낮을 때 매수하면 배당이 높아진다. 지수가 올랐을 때 매수하면 배당률이 낮아진다.

미국 배당성장주

미국은 배당성향이 높은 기업이 즐비하다. 배당성장주에 장기적립식으로 투자하면 좋은 결과를 얻을 수 있다. 평소에 수익성이 높고 재무적으로 건전한 기업 중에서 배당 좋은 주식을 선별해 났다가 불경기 등 외부 요인으로 주가가 하락했을 때 싼 가격에 매수하여 둔다. 배당에는 15.4% 세금이 공제된다. 미국의 경우 원천 징수한 후 들어오게 된다.

5년간 배당성장률이 높은 미국 기업(2023년)

1위: 트랙서 서플라이(농축산업용품 판매 업체)-> 5년간 연평균 배당 증가율 27.1%

2위: 뉴몬트(세계최대 금광업체) -> 23.4%

3위: 모건스탠리(대형 투자은행)-> 23.2%

4위: 브로드컴(반도체 기업)-> 23.1%

5위: 인비테이션 홈스(프리미엄 주택에 투자하는 리츠)-> 18.8%

6위: 로스(미국 주택 자재 업체)-> 18%

* 일부 기업의 수익률(5년간 주가 상승+배당이익)은 5년간 S&P500 상승률을 웃돌았다.
* 미국 킨텍스50 고배당 ETF(배당성장주ETF)를 추천한다. 많은 경우 S&P500지수 수익을 초과하는 경우가 많다.
* 미국 고배당주 추천: 존슨앤존슨, 리얼티인컴, 코카콜라, 프록터앤갬블, 3M

부동산 대신 리츠를 고려하라

리츠(REITs, Real Estate Investment Trusts)라는 것은 여러 투자자로부터 자금을 모아 부동산에 투자한 후, 그 수익을 배당으로 지급하는 것을 말한다. 거래소에서 사고팔 수 있다. 실물 부동산은 현금화가 쉽지 않아 유동성에 문제가 있지만, 리츠는 거래소에서 얼마든지 매매가 되므로 손쉽게 현금화할 수 있어 유동성이 좋다. 배당은 1년에 2번이나 4번 한다.

국토부 리츠정보시스템에서 상장 리츠법인에 대한 정보를 열람할 수 있다. 투자자들은 이를 통해 리츠에 대한 정보를 얻어서 투자 결정을 하는 데 참고할 수 있어 좋다.

리츠 종류
1) 공모 리츠

   일반 투자자를 위한 리츠
2) 사모 리츠

   기관투자가가 참여하는 리츠

리츠 고르는 방법
리츠는 투자하는 부동산 용도를 보고 결정을 해야 한다. 요즘은 물류센터, 데이터센터가 주목받고 있다. 주택 투자는 규제나 정부 정책에 영향을 많이 받으므로 신중해야 한다. 운용사의 능력이 어떤지도 살펴봐야 한다. 주가 대비 운영 자금(시가총액/실질배당능력) 비율이 다른 리츠와 비교해서 높다면 주가가 높게 책정된 것으로 보면 된다. 하지만 비율이 낮다고 좋게 평가해선 안 된다. 비율이 낮아 주가가 저렴하다는 것은 그만큼 인기가 없다는 뜻도 되기 때문이다.

마스터 리스(Master lease)계약이 장기간 체결된 부동산이 좋다. 마스터 리스는 건물의 관리, 운용과 임차인 유치는 모두 임차한 부동산업체가 책임을 진다. 건물을 통째로 장기간 임대계약이 된 경우, 건물주는 일일이 임차인을 구하는 것을 신경 쓸 필요가 없다.

> * 마스터 리스는 부동산업체가 건물을 통째로 장기 임대한 후, 이를 재임대하여 수익을 건물주와 나눈다. 건물주는 안정적인 임대 수익을 올릴 수 있어 좋다.

리츠를 고를 때 주의할 점

경기가 하락하면 제일 먼저 부동산이 타격을 크게 받는다. 공실이 늘고 따라서 손실이 발생한다. 따라서 리츠에 투자할 때는 신중하게 선택해야 한다. 부동산 수익이 안정적으로 나오는지 배당이 잘되는지를 면밀하게 파악해야 한다. 리츠의 운용 규모가 작으면 변동 폭이 매우 심하다. 시가총액과 부동산 규모도 잘 살펴봐야 한다.

ETF 상품별 분배금 재원

1) 주식 배당주

   주식 배당

2) 채권

   채권 이자

3) 커버드콜

   주식 배당, 콜옵션 매도 프리미엄

4) 리츠

   임대 수익

대부분의 사람은 부자가 되는 방법을 제대로 알지 못한다.
그러다 보니 부모님들은 무조건 자녀가 공부를 열심히 해서
좋은 대학에 들어가기를 바란다. 하지만 좋은 대학을 나왔다고
부자가 된다는 보장이 없다.

장사나 사업을 해서 큰돈을 벌었다고 해도 재테크를 모르면
자신의 재산을 지킬 수 없다. 재산을 잘 관리하고 지키려면
재테크 공부는 필수라는 사실을 깨달아야 한다.

7.

주식 투자에서
실패하는 이유

주식 투자는 양날의 칼이다. 올바른 투자법을 배우지 않고 투자를 하면 매번 깡통을 차게 된다. 주위에 주식으로 돈 번 사람들은 많지 않다. 주식 투자는 일반인이 부자가 되는 좋은 방법이지만 제대로 준비하지 않고 달려들다간 가지고 있는 돈을 모두 잃게 된다는 사실을 명심해야 한다. 하지만 주식에 대해 충분히 공부한 후에 주식 투자를 한다면, 돈을 잃을 염려는 거의 없다. 여기서는 일반인들이 주식 투자에서 실패하는 이유를 알아보기로 하자.

공부를 하지 않고 주식에 뛰어든다

주식 투자에서 가장 큰 실패 원인은 충분한 공부를 하지 않고 먼저 투자부터 하기 때문이다. 주식 공부를 하지 않고 투자하는 것이 가장 위험한 행위다. 주식의 경험을 쌓기 위해 소액으로 투자하는 것은 좋지만, 처음부터 수백만 원 혹은 수천만 원을 투자하는 것은 돈다발을 들고 불길 속으로 뛰어드는 것과 같다. 순식간에 그 돈다발은 잿더미로 변한다. 하지만 많은 초보자들이 초기에 수백만 원에서 수천만 원까지 주식에 투자한다.

그 돈은 전부 다 잃어버릴 공산이 크다. 전문가들은 보통 3년 동안 주식 공부를 권하고 있다. 필자는 그 기간을 최대한 단축하기 위해 이 책을 썼다. 이 책을 10번 이상 반복해서 읽으면 6개월 이내 주식을 성공적으로 투자하는 노하우를 배우게 될 것이다.

주식 공부를 제대로 하지 않고 아무리 실전에서 고군분투를 하더라도 실패는 계속 반복된다. 자신의 과오를 100%로 스스로 깨닫기가 쉽지 않기 때문이다. 실패하는 사람들의 원인은 대부분 비슷하며 실수하는 종류도 몇 가지로 정리될 수 있다. 하지만 실패하는 사람들은 그것을 잘 깨닫지 못하고 자신의 행동 패턴을 은연중에 반복해서 하게 된다. 자신의 실수를 빨리 깨닫고 자신을 변화시켜야만 주식 투자에서 성공하여 부자가 될 수 있는데 말이다. 자신의 잘못과 실수를 빨리 아는 방법은 주식에 관한 책을 읽는 것이 가장 효과적이다.

주식 투자는 충분히 공부한 후에 해도 절대 늦지 않다. 왜냐하면 주식 투자는 평생 해야 하는 일이기 때문이다. 하지만 대부분 먼저 투자부터 하고 본다. 그 돈이 소액이면 아무 상관 없겠지만 몇천만 원이라면 얘기는 달라진다. 사람들은 돈을 버는 것만 생각했지 돈을 잃을 수도 있다는 생각은 안 한다. 문제는 돈을 벌 수도 있지만, 돈을 잃을 수도 있다는 사실이다. 오히려 잃을 확률이 높다. 사람들은 '자신은 남과 다르게 똑똑하다'고 생각한다. 자신은 고수처럼 주식을 통해서 많은 돈을 벌 수 있다는 자만심을 가지고 주식 투자에 임한다.

수십 년 동안 산전수전 다 겪은 고수들도 주식 투자는 늘 쉽지 않다고 말한다. 고수들은 "주식 투자로 한순간에 돈이 다 날아갈 수 있다."라고 말한다. 그렇기에 고수들도 늘 공부하고 투자를 신중하게 한다. 고수들은 항상 리스크를 생각하고, 리스크를 최대한 줄이려고 노력한다. 그에 반해 주식 경험이 적은 일반인들은 주식에 관한 충분한 준비와 노력 없이 주식 투자를 시작한다. 이것은 아이가 혼자 물가에 서 있는 것과 같다.

개미 투자자들의 95%가 손해를 본다고 한다. 가장 큰 원인은 충분한 공부를 하지 않고 주식에 대해 전혀 모르는 상태에서 투자에 나서기 때문이다. 주식 공부를 하지 않고 주식 투자를 하면 100% 실패하게 되어 있다. 그 이유는 최고의 고수들이 활동하는 주식시장에서 패배할 확률이 높기 때문이다. 어떤 사람은 10년, 20년 동안 주식 투자를 했어도 계속 돈만 날리고 있다. 여러분은 그렇지 않으리라고 생각하는가?

우선 기업분석을 할 줄 알아야 한다. 정량적 분석과 정성적 분석 그리고 차트를 보는 방법을 배워야 한다. 최소한 세 가지만 공부해도 돈을 크게 잃지는 않는다. 우선 기업이 재무구조가 탄탄하지를 파악하고, 매출과 이익을 꾸준히 내고 있는지를 알아본다. 그리고 차트를 통해서 주가가 고점에 있는지를 파악해야 한다. 주가가 고점에 가깝다면 저점에 올 때까지 기다려야 한다.

본능적으로 단기 투자를 한다

사람들은 보통 단기 투자를 선호한다. 하지만 단기 투자는 실패할 확률이 매우 높다. 많은 사람들이 단기 투자를 하다가 재산을 날리고, 가정이 파탄이 나고, 자살한다. 몇 번은 단기 투자로 돈을 벌 수 있지만 결국 그것으로 인해 인생이 파탄이 날 수도 있다는 사실이다. 단기 투자는 도박을 하는 것과 같다. 도박해서 처음에는 돈을 딸 수도 있지만 계속해서 도박을 하면 돈을 다 잃게 된다. 도박 기계는 돈을 딸 수 있는 확률을 20% 미만으로 셋팅해 놓았기 때문이다.

물론 단기 투자로 크게 돈을 번 사람도 있다. 그들은 극소수이며, 타고난 주식의 천재다. 일반 사람들은 따라갈 수가 없다. 하지만 일반사람들은 자신도 단기 투자의 고수처럼 할 수 있다고 자만하고 주식시장에 뛰어든다. 대개 사람들이 하는 실수는 '자신은 머리가 좋고 똑똑하다'고 착각한다. 그리고 자신은 남들과 다르게 주식에서 크게 돈을 벌 수 있다고 자만한다. 결론적으로 말하지만 대부분 보통 사람의 한계를 뛰어넘지 못한다. 그래서 실패하게 되는 것이다.

주식 투자에서 성공하려면 투자하려는 기업에 대해 철저히 공부한 후 장기 투자를 해야 한다. 주식 투자에서 실패하는 원인은 초단타, 단타, 단기 투자를 하기 때문이다. 자신이 주식에 천부적인 재능을 갖고 있지 않다면, 단기 투자를 해서는 안 된다. 그 이유는 주가를 단기적으로 예측한다는 것은 불가능하기 때문이다.

단기 투자는 필패의 지름길이다. 단기적으로 주가를 맞춘다는 것은 신의 영역이라고 보면 된다. 누가 1개월 뒤, 3개월 뒤, 6개월 뒤 그리고 1년 뒤의 주가를 정확하게 맞출 수 있겠는가. 그것은 불가능한 일이다. 그것은 말 그대로 신의 영역이다.

이 세상에서 단기적으로 주가를 예측할 수 있는 사람은 아무도 없다. 누가 코로나가 올 줄 알았는가? 누가 우크라이나 전쟁이 일어날 줄 알았는가? 아무리 과학적인 방법을 동원한다고 해도 다음 달 혹은 6개월 뒤에 무슨 일이 일어날지 예측한다는 것은 불가능하다. 하지만 장기적으로 예측하는 것은 가능하다. 그래서 전문가들이 장기 투자를 권하는 것이다.

사람은 본능적으로 신속하게 결정하고 행동하는 데 익숙해져 있다. 그 이유는 아주 먼 옛날부터 위험한 상황으로부터 자신을 지키기 위해 신속한 판단과 행동이 요구됐기 때문이다. 사람들은 느긋하게 기다리는 것이 어렵다. 그것은 본성에 반하기 때문이다. 신속한 행동과 빠른 결과를 원하는 본성이 주식시장에서 그대로 발현되고 있다.

사람들은 단기적인 거래를 좋아하며 오래 기다리지 못하는 습성을 가지고 있다. 그래서 주식 투자에서 실패하게 되는 것이다. 주식은 올라가면 반드시 떨어지게 되어 있다. 떨어지면 반드시 올라가게 되어 있다. 지금 주가가 높다고 생각하면 떨어질 때까지 기다렸다가 떨어졌을 때 사면 된다. 그런데 사람들은 그렇게 하지 못한다.

주식은 장기적인 관점에서 투자를 해야 한다. 왜 많은 사람들이 주식 투자에서 실패하는지 아는가? 대부분의 사람은 2~3개월 이내에 수익을 얻기를 원하기 때문이다. 주식 투자에서 성공하고자 한다면 먼저 좋은 기업을 찾아서 열심히 공부한 후, 단기 투자가 아닌 장기 투자를 해야 성공한다.

남의 말을 듣고 바로 주식을 산다

남의 말을 듣고 투자하면 실패할 확률이 높다. 그 이유는 기업에 대해 철저한 분석과 공부를 하지 않아 확신이 약하기 때문이다. 주가는 항상 변동한다. 충분한 공부를 통해서 확신을 갖게 되면, 일시적으로 주가가 하락한다 해도 멘탈이 흔들리지 않는다. 하지만 남의 말을 듣고 투자한 사람은 기업에 대한 확고한 믿음이 부족하여 주가가 하락하면 이를 견뎌내지 못하고 손해를 보고 팔게 된다.

필자는 지인으로부터 "좋은 종목을 선정해 달라."라는 부탁을 받은 적이 있다. 당시 암호화폐인 비트코인이 최저점에 있었기 때문에, 비트코인을 추천해 주었다. 당시 비트코인 가격은 2,400만 원 정도 하고 있었다. 아시다시피 비트코인은 8천만 원에서 최고 정점을 찍고 추락을 거듭하여 최저점으로 떨어진 상태였다. 그동안 비트코인 가격을 지켜본 필자로서는 앞으로 오를 일만 남았다고 판단하고 있었다.

나의 말은 들은 지인은 2천만 원을 비트코인에 투자하였다 그로부터 1년이 지난 후 비트코인 가격은 1억을 돌파하고 있었다. 그래서 지인에게 "비트코인을 갖고 있는가?"라고 물었다. 그분이 대답하기를 "비트코인을 산 후 1달 뒤에 200만 원이 떨어져 기분이 나빠서 손해를 보고 팔아버렸다."고 말했다.

투자에 대해 문외한인 일반인들은 돈은 벌고 싶어서 투자했다가 손해를 보면 바로 팔아버린다. 주식이나 비트코인이나 투자의 속성은 모두 같다. 평소에 공부를 통해서 좋은 종목을 찾은 후, 투자하면 주가 변동에 크게 흔들리지 않는다. 그 이유는 공부를 통해서 그 종목에 확신이 있기 때문이다. 설사 주가가 떨어지더라도 크게 걱정이 되지 않는다. 언젠가는 분명히 주가가 오를 것이라는 믿음이 확고하기 때문이다.

만약 여러분이 다른 사람으로부터 좋은 종목을 추천을 받았다면 먼저 나름대로 그 기업에 대해 심도 있게 공부를 해야 한다. 그리고 그 기업에 대해 확신이 생기면 그때 투자하면 된다. 재무제표는 건실한지, 그리고 매출과 이익은 꾸준히 상승하고 있는지 그리고 미래의 성장성은 충분한지 등을 파악해야 한다.

필자는 여러분이 종목을 선정할 때 직접 노력해서 찾기를 권해 드린다. 평소에 신문이나 인터넷 등을 통해서 전문가의 견해를 수집하고, 산업의 트렌드를 파악하는 등 나름대로 열심히 공부하여 스스로 투자 종목을 발굴하는 노력을 해야 한다. 공부를 통해서 강한 확신이 들어야 한다. 그러면 어떠한 외부의 영향에도 흔들리지 않고 그 주식을 보유할 수 있다. 그렇게 해서 끝까지 기다리면 언젠가는 반드시 주가는 오르게 되어 있다.

원칙 없이 즉흥적으로 거래한다

원칙대로 매매하지 않고 즉흥적으로 하거나 남을 따라 한다. 주식 투자에서 성공하려면 자신만의 매매원칙을 먼저 세워야 한다. 원칙을 세우지 않고 그때그때 즉흥적으로 매매하면 주식 투자에서 실패하게 된다. 주식 투자에서 성공하기 위해 실전 경험을 쌓고, 책을 통해 공부하고, 고수들의 매매원칙을 참고하면서 자신만의 고유한 매매원칙을 만들어 실천해야 한다.

주식을 고르는 방법, 매수하는 방법, 매도하는 방법 등에 관해 나름대로 원칙을 수립해야 한다. 원칙을 세우지 않고 하면 아무리 오래 주식 투자를 해도 돈만 잃게 된다. 주식 투자를 하는 목적을 분명히 하고, 종목을 선정하는 기준, 자금 운영 계획, 매수 방법, 매도 방법 등에 관해 확실한 원칙을 정해야 한다. 그리고 어떤 일이 있어도 이 원칙을 지켜야 한다. 원칙을 만들었어도 자꾸 충동적으로 거래하려는 마음이 생긴다. 이러한 충동을 억제하고 무슨 일이 있어도 원칙을 지킨다는 각오를 굳게 해야 한다.

주식 투자에서 성공하는 사람이 되고 싶다면 먼저 자신만의 투자원칙을 분명하게 세우고 이를 철저하게 지키면 된다. 하지만 실패하는 사람들은 투자원칙을 세우지도 않고 즉흥적으로 투자를 한다. 설사 투자원칙을 세웠다 하더라도 이를 지키지 않고 그때그때 감정이 내키는 대로 한다. 철저한 원칙을 지키기 위해 투자일지를 써보는 것이 좋다. 자신이 거래한 것을 다시 한번 되돌아보고 원칙에 맞게 거래했는지 점검하고 잘못된 점을 고치자.

예를 들어 '싸게 산다.'라는 원칙을 정했다면 아무리 좋은 주식이더라도 싸질 때까지 기다렸다가 사는 것이다. 물론 장기적으로 우상향하는 주식이라면 크게 상관이 없지만, 중장기 투자는 싸게 사는 것이 매우 중요하다. 주식이 떨어질 때까지 기다려야 한다. 주식은 오르면 반드시 떨어지게 되어 있다. 그때까지 기다렸다 사는 것이다. 좋은 주식은 널려 있다. 돈이 없어서 그 주식들을 다 살 수 없을 정도다. 그렇기에 좋은 종목을 리스트에 올려놓고 기다리면 떨어지는 종목이 있다.

호가창을 들여다보면 자기도 모르게 손가락으로 매매 버튼을 누르게 된다. 수시로 매매하면서 사고팔기를 반복한다. 오르면 떨어질까 봐 매도하고 계속 오르면 다시 매수 버튼을 누른다. 내리면 더 떨어질까 봐 매도한다. 수시로 호가창을 들여다보면서 일희일비한다. 사람은 누구나 호가창을 보고 있으면 자신도 모르게 거래하고 싶은 충동이 생긴다. 이것이 초보자들이 하는 대표적인 실수다.

주식이라는 것은 매수하기 전에 철저하게 기업에 관해 연구하고 분석해야 한다. 충분한 시간을 갖고 신중하게 모든 가능성을 분석한 후 장기적으로 가격이 상승할 것이라는 강한 확신이 들면 그때 매수에 들어간다. 그리고 나서 목표주가에 도달할 때까지 3개월에 1번 잠깐씩 호가창을 들여다보는 것으로 족하다. 6개월에 1번 정도 호가창을 확인하는 것도 좋다. 어떤 전문가는 3년에 1번 주가를 확인하라고 말한다.

주식은 장기 투자를 해야 큰돈을 벌 수 있다. 수시로 호가창을 보면서 거래를 해선 안 된다. 초장기 투자는 수십 배, 수백 배를 목표로 투자하는 것이다. 중장기 투자의 경우도 최소 6개월에서 최장 5년을 보고 2~10배 이상을 목표로 투자하는 것이다. 자신이 정한 목표주가가 될 때까지 팔지 않아야 한다. 그럼에도 불구하고 주린이들은 빈번하게 사고파는 것을 주식 투자라고 생각한다. 이것은 잘못된 사고방식이다. 매일 호가창을 보면서 수시로 거래하다 보면 돈만 날리고 만다.

주식을 매수한 뒤에는 자신의 직장생활에 더욱 몰두해야 한다. 그 이유는 나의 가치를 올려 나의 연봉을 늘리기 위함이다. 그러면 좋은 주식을 더 많이 사서 모을 수 있고, 내가 더 빨리 부자가 될 수 있기 때문이다.

먼저 신중하게 기업에 대해 분석을 한 후 일단 주식을 매수하면, 한 달에 한 번 또는 수개월에 한 번 주가를 확인하면 된다. 어차피 목표주가에 도달하는 데 많은 시간이 걸린다. 주가를 자주 확인할 필요가 없다. 삼성전자가 40년간 주가가 4천 배 올랐다. 자주 주가를 확인할 필요가 있겠는가. 삼성전자를 인생의 동반자로 생각하고 꾸준히 주식을 사서 모아가는 사람이 부자가 되는 것이다.

급등주, 테마주, 작전주에 빠져든다

단기 투자의 대표적인 형태인 급등주와 테마주, 작전주에 투자한다. 한두 번은 성공해서 돈을 벌 수 있을지 모르나, 결국 모든 돈을 날리게 된다. 사람들이 급등주, 테마주, 작전주에 투자해서 운이 좋으면 처음에는 단기간 내에 돈을 번다. 이것이 문제다. 단기 투자로 돈을 벌 수 있다고 착각한 대다수의 주린이들은 그때부터 영원히 단기 투자의 마약에 빠져든다.

물론 단기 투자로 돈을 버는 사람이 없는 것은 아니지만, 그러한 사람들은 극소수다. 타고난 투자 재능이 있어야 한다. 하지만 단기 투자의 천재는 극소수다. '일반 투자자의 95%가 주식 투자에서 손해를 보고 있다'는 통계도 나와 있다. 자신이 단기 투자의 천부적인 재능이 있다고 자타가 공인하지 않는다면 하지 않는 것이 좋다. 거의 99%가 단기 투자로 패가망신하기 때문이다. 그리고 보통 단기 투자를 위해서는 매일매일 신경을 쓰면서 귀중한 시간과 에너지를 쏟아야 한다.

필자가 권하는 것은 중장기 투자다. 몇 개월에서 최장 5년 이내에 승부를 보는 것이다. 짧으면 3개월에서 6개월 내에 목표수익에 도달할 수도 있다. 그러나 수일에서 한두 달 내로 돈을 벌고자 하는 것은 실패할 확률이 매우 높다. 짧은 시간에 큰돈을 벌고자 하는 욕심에서 단기 투자에 뛰어들지만 대부분 실패하고 만다. 단기 투자로 인생이 파탄 난 경우는 셀 수 없을 만큼 많다.

주가가 올라가기 시작하면 개미들도 덩달아 뛰어든다. 투자에 실패하는 원인 중의 하나가 급등하는 주식을 어설프게 쫓아가는 경우다. 테마주도 마찬가지다. 확실한 전략과 경험 없이 무조건 따라 하다가 고점에서 물려 오랫동안 고생을 한다. 결국 견디지 못하고 손절하게 된다. 급등주나 테마주는 단기에 급등하다가 순식간에 급락해서 오랫동안 횡보하는 것이 특징이다. 테마주나 급등주의 속성을 제대로 파악하지 못하고 섣불리 달려들면 세력의 먹잇감으로 전락할 뿐이다.

주가는 일명 고래라고 불리는 세력들이 좌우하는 측면이 많다. 작전 세력들이 얼마까지 가격을 올린 후 매도할지 알 수가 없다. 주가가 오르기 시작하면 너도나도 한몫 챙기기 위해 뛰어든다. 몇 시간 뒤에 갑자기 급락하기 시작한다. 미처 대비를 하지 못한 개미들은 순식간에 물리게 된다. 오늘 오전에 올랐다가 오후 되니까 급락해서 손실이 발생하는 경우도 있다. 급등주, 테마주에 잘못 들어갔다가 실패하는 유형이다. 사전에 치밀하게 대비하지 않으면 장기간 손실을 보게 되고 언제 원금이 회복될지 아무도 모른다.

어떤 경우는 망하기 일보 직전에 있는 회사나 내재가치가 거의 없는 회사의 주식이 갑자기 오르기 시작한다. 동시에 호재 뉴스가 퍼진다. 작전세력이 퍼뜨린 가짜 뉴스다. 작전세력이 인위적으로 주가를 올리기 시작한 것이다. 개미들은 주가가 급등하는 것을 보고 멋모르고 참여했다가 급락 후 주식은 순식간에 휴지 조각으로 변하면서 엄청난 손실을 보게 된다. 내재가치도 없고 미래 성장성도 없는 종목은 아예 쳐다보지도 말자. 내재가치도 좋고 미래 성장성 있는 종목을 많이 발굴해서 그 종목들만 거래하는 것이 좋다.

무서운 줄 모르고 레버리지를 사용한다

주식 투자를 할 때는 반드시 여윳돈으로 투자해야 한다. 아무리 좋은 주식이라 하더라도 언제 주가가 오를지 아무도 알 수가 없기 때문이다. 따라서 무리하게 대출을 받아서 투자했다가 이자 부담 때문에 초조해지고 제대로 여유를 가지고 대처할 수가 없다. 그러나 내 돈으로 투자를 한다면 주가가 오를 때까지 얼마든지 기다릴 수가 있다. 학자금이나 전세자금, 결혼자금, 비상금 등도 마찬가지다. 1~2년 뒤에 쓸 중요자금을 주식에 투자해선 안 된다. 자칫하면 시간에 쫓겨 투자를 망치게 될 우려가 있기 때문이다.

대부분 투자자들이 깡통을 차는 이유는 바로 레버리지를 무리하게 사용하여 투자를 하기 때문이다. 자신의 여유자금 한도 내에서 투자하지 않고, 과도한 욕심으로 많은 레버리지를 사용하다가 투자한 돈을 한순간에 모두 날려버린다. 주린이들이 레버리지를 사용하는 것은 매우 위험하다. 레버리지를 통해서 일확천금을 노리다가 인생 파탄에 이르게 된다는 점을 명심하기 바란다. 레버리지 사용은 풍부한 경험을 쌓고 만약의 경우 리스크를 대비할 수 있는 방안을 준비한 상태에서 하는 것이다.

100% 주가 상승을 확신할 수 있는 경우 자신이 감당할 수 있는 범위 내에서만 레버리지를 사용해야 한다. 언제 오를지 모르기 때문에, 만약의 경우에 대비한 계획을 반드시 세워야 한다. 6개월 혹은 1년 안에 주가 상승을 예상하고 대출을 받았다면 그동안 버틸 수 있는 이자를 미리 준비해야 한다. 만에 하나 계획과 빗나갔을 때 대한 방안도 수립해야 한다.

아는 지인은 수십 년 전에 주식 투자를 하다가 단기간 내에 집 두 채를 날렸다. 필자는 그 이야기를 듣고 이해가 되지 않아 "어떻게 그런 일이 일어날 수가 있는가?"라고 물었다. 그 당시에는 필자는 주식에 대해 문외한이었다. 지인이 말하길 "증권회사에서 투자한 금액만 큼 돈을 빌려준다."라는 것이었다. 레버리지를 이용해서 투자한 것이다. 단기간에 큰돈을 벌 욕심에 겁도 없이 마구 레버리지를 사용하는 것은 매우 위험한 행위다. 돈을 자꾸 잃게 되자 단기간에 원금을 회복하기 위해 자꾸 레버리지를 사용하다가 집 두 채를 날리게 된 것이다.

레버리지를 사용하는 것은 사전에 충분한 연구를 한 후에 해야 한다. 객관적으로 손해 볼 이유가 없을 경우에 레버리지를 사용하는 것이다. 레버리지는 본인의 생각만으로는 절 대 해서는 안 된다. 객관적으로 봤을 때 레버리지를 사용해도 손해가 볼 확률이 거의 없다 는 것이 입증되었을 때 레버리지를 사용하는 것이다.

레버리지를 이용해서 성공한 사례 두 가지를 소개한다. 하나는 '주식 투자의 전설' 강 방천 에셋플러스 자산운용 회장의 케이스다. 강회장이 젊은 시절에 모 증권회사 주식이 600원으로 떨어졌다. 그런데 연말의 배당금액이 600원이었다. 1년만 버티면 원금 전액을 배당으로 받을 수 있었다. 그는 1년 이자만 빼면 손해를 볼 것이 전혀 없었다. 그는 주위 에 모든 돈을 끌어모아 1억을 투자했고 몇 년 후에 156억으로 불렸다.

또 한 가지 케이스는 안랩 주식이다. 안철수가 최대 주주로 있는 안랩 주식이 지난 대선 테마주로 급부상하고 있었다. 이를 눈치챘다면 대통령 선거 결과가 나오기 2~3일 전에 투자를 하는 것이다. 오르면 좋은 것이고, 만약 오르지 않아도 단기간 대출이자는 거의 푼 돈 수준이다. 이 경우 단기간 대출을 사용하여 레버리지 투자를 하는 것이다. 만약 오르지 않는다면 단 며칠 동안의 이자만 부담하고 대출을 갚으면 된다. 크게 손해날 일은 없다. 이러한 경우에 레버리지를 사용하여 투자를 극대화하는 것이다. 참고로 안랩 주가는 10일 만에 148% 상승하고 하락했다.

하락세인 줄 모르고 매수한다

상승 추세인 경우 누구나 주식을 사면 돈을 벌게 된다. 1~3년간 꾸준히 상승한다면 그 안에 주식을 산 사람은 주린이든 고수든 돈을 무조건 벌게 된다. 주식은 오르면 또한 반드시 내려가게 되어 있다. 주가가 하락 추세로 접어들면 무조건 손실을 보게 되어 있다. 상승 기간이 지나면 하락 추세에 들어가는데 이때 함부로 주식을 매수하게 되면 2~3년간 혹은 기업에 따라서는 10년 동안 하락한다.

주식이 오를 기미는 안 보이고 끊임없이 내려간다. 업종에 따라서는 90% 이상 하락하는 경우도 있다. 이렇게 되면 주린이들은 견디지 못하고 엄청난 손실을 보고 팔고 나가게 된다. 그리고 '주식 투자를 다시는 하지 않겠다'고 마음속으로 수없이 다짐한다. 10년간 계속 주가가 하락한다고 생각해 보라. 여기에서 견딜 수 있는 사람이 얼마나 되겠는가? 그러므로 주식 종목이 사이클이 긴 경기순환주인지를 잘 파악해야 한다. 경기에 민감하게 영향을 받는 주식은 자칫 장기 보유하다가 쪽박을 찬다는 것을 알아야 한다.

주린이들은 주가가 하락하면 물타기에 들어간다. 그런데 생각해 보라. 10년간 하락하는데 언제까지 물타기를 계속할 것인가. 20만 원에서 고점을 찍고 몇 년 지나서 10만 원이 되었다. 절반 값이라고 매수하였는데 주가는 계속 내려간다. 얼마까지 내려갔을까. 5천 원까지 내려갔다. 하염없이 내려가는 경우 함부로 물타기를 하다가는 큰일이 난다. 물타기도 기업의 실적은 좋은데 외부의 영향으로 어쩔 수 없이 일시적으로 하락하는 경우 물타기에 들어가는 것이다. 하지만 그렇지 못한 경우에는 섣불리 물타기 하다가는 장기간 손실만 커질 수 있다.

문제는 하락해서 언제 회복될지 모른다는 점이다. 사이클에 따라서는 긴 것은 10년 이상이 가는 수도 있다. 아니면 영원히 주가가 오르지 않을 수도 있다. 따라서 주식 투자를 했을 때는 미래의 성장 가능성을 가장 중요하게 생각하고 투자해야 한다. 남의 얘기를 듣고 묻지마식 투자는 금물이다. 반드시 그 분야의 산업 트렌드와 미래 성장 가능성에 대해 분석한 후에 투자해야 한다.

주식시장이 하락세에 접어들었다고 판단되면 주식의 대부분을 빼서 안전자산으로 이동시키는 것이 좋다. 90% 정도 빼서 안전자산으로 옮겨 놓지 않으면 번 돈을 도로 날릴 수 있다. 그리고 주식 투자를 중지해야 한다. 하지만 완전히 발을 빼는 것은 바람직하지 않다. 그 이유는 다시 상승하는 시기를 포착하기 위해서다. 주식이 상승장에 접어드는 시기를 포착하기 위해 주식시장을 완전히 떠나서는 안 된다.

멘탈이 약하다

주식은 멘탈 싸움이다. 자신이 멘탈이 약하고 감정 컨트롤을 하지 못하는 사람이라면 주식 투자를 해서는 안 된다. 멘탈이 약한 사람은 주식 투자에서 성공하기 어렵다. 차라리 주식 투자를 하지 말고 정기예금이나 안전한 채권 투자 하기를 권한다. 주식은 변동성이 특징이다. 멘탈이 약한 사람은 주가 변동에 감정의 기복이 심하다. 조금만 주가가 하락하면 견디지 못하고 손실을 보고 팔아버린다. 그래서 주식 투자는 심리가 90%라고 말하는 것이다.

보통 사람들은 주가가 하락해서 손실이 나면 몹시 기분이 나빠지고 우울해진다. 피땀 흘려 모은 돈이 순식간에 날아가 버리면, 마음이 불편하고 짜증이 나고 화가 난다. 이러한 마음이 고통스럽고 참기가 힘들다. 주가는 항상 오르거나 내린다. 오히려 내려갈 확률이 높다. 이것이 주식의 변동성이다. 주가 올라가면 기분이 좋아지고 내려가면 기분이 나빠진다.

기분 나쁜 마음을 빨리 떨쳐내고 싶어서 손실을 보고 팔아버리고 만다. 그리고 '길에서 똥을 밟았다'고 생각하고 기분 나쁜 감정을 떨쳐버린다. 어쨌든 손해는 봤지만 기분이 어느 정도 해소가 된다. 이것이 보통 사람들이 기분 나쁜 감정을 없애기 위해 행동하는 패턴이다. 주식의 변동성을 이해하지 못하는 것이다. 일시적으로 주가가 하락하는 것을 참지 못한다면 주식 투자에서 성공할 수 없다. 길게 보고 투자해야 성공한다. 장기적으로 전망이 밝다고 확신을 한다면 일시적으로 주가가 변동하는 것을 신경을 쓸 필요가 없는 것이다.

초보자들은 주가가 오르면 좋아하고 내리면 안절부절못한다. 오를 때가 있고 내려갈 때가 있는데 이것을 자연스럽게 받아들여야 한다. 주가가 좀 올랐다고 좋아할 필요도 없고 내려갔다고 불안해할 필요도 없다. 묵묵히 자신이 정한 목표가에 도달할 때까지 초연하게 기다리는 자세가 필요하다.

주식 투자를 하는 데 가장 중요한 것이 심리다. 주가 변동에 흔들리지 않고 장기간 기다리는 자세에 주식 투자의 성패가 달려 있다. 오를 때까지 3년, 5년, 10년 이상을 기다릴 줄 알아야 주식 투자에서 성공한다. 이러한 마음 자세를 가지기 위해서 나름대로 마인드셋을 해야 한다. 변동성을 수익의 결과를 얻는 데 필요한 최소한의 심적 비용이라고 생각해야 한다.

어떤 종목이 좋다고 해서 1억 이상의 큰돈을 대출을 받아 주식을 샀다. 얼마 후에 외부의 영향으로 그 주식이 폭락했다. 자신이 산 종목이 오를 줄 알고 샀는데 하필 그때 안 좋은 사건이 발생해서 주가가 폭락한 것이다. 주가가 내려갈 줄은 꿈에도 생각하지 못했기 때문에 마음이 불안하고 초조해졌다. 더군다나 아내 몰래 대출을 받아 투자했기 때문에 밤잠을 못 이루었다. 그는 대출받아 투자한 것을 크게 후회하였다.

다행히도 3개월 후에 원금을 회복하고도 주가가 50% 올랐다. 그는 얼른 대출금을 갚고 남은 돈으로 사고 싶었던 외제 차를 1대 뽑았다. 3개월간 지옥 같았던 시간이 지나가니 그때서야 가슴을 쓸어내리며 안도감을 느꼈다. 어쨌든 해피엔딩으로 끝나서 너무 좋다. 지옥과 천당을 오간 기분이었다. 이상은 유튜브 댓글에 올라온 글을 필자가 소개한 것이다.

이분의 이야기는 대부분의 사람이 하는 행동과 비슷하다. 남이 주식으로 돈을 벌었다고 하니까 나도 주식으로 돈 벌고 싶은 마음에 사전 준비 없이 큰돈을 덜컥 투자한다. 그리고 나서 변동성을 처음 경험한 그는 지옥에 떨어진 경험을 한다. 대부분의 사람이 이와 비슷한 상황에 빠져서 멘탈이 붕괴된다. 하지만 주식 공부를 통해서 변동성을 배우게 되면 멘탈을 관리할 수 있게 된다.

8.

고수들의
투자 비법을 배우면
나도 고수

고수들의 투자 비법을 취사선택하라

주식 투자 기법은 1만여 가지가 넘는다고 한다. 여기서는 여러분이 비교적 이해하기 쉬운 고수들의 투자기법을 골라서 소개하기로 한다. 필자는 여러분에게 장기 투자를 적극적으로 권하고 있지만, 이 장에서는 장기 투자(10년 이상)와 중장기 투자(6개월~5년 정도) 그리고 단기 투자를 하는 고수들의 투자전략을 소개해 드린다. 여러분은 장기 투자에 주력하고, 시간 여유가 있다면 투자 금액의 일부를 중장기 투자에 도전해 보는 것도 좋을 것이다.

장기 투자는 일단 종목을 선정하면 제일 편하게 투자할 수 있다. 중장기 투자는 여러 가지 변수를 파악해서 투자하게 되므로 아무래도 좀 더 세심하게 신경을 써야 하는 점이 많다. 단기 투자는 리스크가 클 뿐만 아니라 장기 투자를 주창하는 필자의 원칙에는 맞지 않는다. 또한 매일 모니터를 보면서 상황을 파악해야 하는 단기 투자는 직장생활에 충실해야 하는 직장인에게 어울리지 않는다. 단지 참고하는 선에서 내용을 봐주면 좋겠다.

장기 투자는 오랜 기간 우상향하는 종목에 투자하는 것이므로 충분한 시간과 여유를 가지고 하면 된다. 한번 정하면 수십 년을 꾸준하게 적립식으로 투자하거나 목돈을 투자하고 장기간 기다리면 되기 때문에 크게 문제 될 것이 없다. 그에 반해 중장기 투자는 기간이 장기 투자보다 짧은 관계로 좀 더 트렌드 정보에 민감해야 하며, 매일 경제신문을 꼼꼼하게 읽으면서 현재의 트렌드를 분석하고 투자해야 한다. 장기 투자는 수십 배에서 100배 이상을 목표로 한다면, 중장기 투자는 2배에서 최대 수십 배를 목표로 한다고 보면 된다.

필자는 여러분의 투자 비중을 대부분을 장기 투자에 주력하고, 투자 금액의 10~30% 정도는 중장기 투자를 해보는 것을 말리지는 않는다. 하지만 단기 투자는 여러분에게 적극적으로 권하지는 않는다. 여기에서 단기 투자의 고수도 소개가 되는데 추천하는 것은 아니다. 여러분이 직장생활에 전념하면서 주로 S&P500과 나스닥100에 초장기 투자할 것을 권한다. 그리고 미래에 수백 배 오를 성장주식에 초장기 투자하기를 바란다.

은퇴 후에 시간이 많아서 굳이 단기 투자를 하고 싶다면 자신의 투자자산 중에서 10% 이내의 자금으로 단기 투자할 것을 권한다. 투자 자금의 대부분을 장기 투자에 넣고 돈을 날려도 될 금액인 10% 정도만 가지고 단기 투자를 하기를 바란다.

미래 성장주에 인생을 걸어라

『위대한 기업에 투자하라』를 저술한 필립 피셔는 성장주 투자에 올인했다. 피셔는 또한 초장기 투자를 했다. 피셔는 미국 스탠포드 경영대학원을 중퇴하고 주식에 뛰어들었다. 그는 미래 성장주를 찾으면 절대 주식을 팔지 않고 그 기업과 평생을 같이 했다. 그는 보통 수십 년 동안 주식을 보유했다고 한다. 그는 100배에서 수천 배의 수익률을 올린 것으로 유명하다. 초장기 투자의 대가라고 할 수 있는 필립 피셔는 미래의 기술 변화를 가장 중요시했다. 미래를 이끌 기술을 미리 파악해서 그 기술을 가지고 있는 기업에 투자했다.

필립 피셔는 "미래의 혁신적인 기술이 어떤 것인가를 파악하라."라고 말한다. 산업혁명 시대 이후 많은 기술 혁명들이 이루어져 왔다. 방직기 발명, 자동차 발명, 컴퓨터, 인터넷 혁명, 모바일 혁명 등이 그 예다. 그는 미래에 어떤 기술이 우리 사회를 이끌 것인지를 고민하라는 것이다. 그는 '기술의 트렌드를 잘 살펴보고 미래의 혁신적인 기술을 개발한 회사에 초장기 투자할 것'을 강력히 주장했다. 그는 "혁신적인 기술을 가진 회사들이 계속 성장하는 한 절대 주식을 팔지 말고 평생 보유하라."라고 말한다.

필립 피셔는 모토로라에 39년간 투자해서 2천 배의 수익을 올렸고, 텍사스 인스트루먼트에 30년간 투자해서 100배의 수익을 올렸다. 그는 소수의 종목에 집중투자를 하였다. 기업의 내재가치가 탄탄한지를 분석하고, 아울러 신제품과 신기술을 개발하기 위해 얼마나 열심히 노력하고 있는지를 철저히 따졌다. 필립 피셔는 엄선한 소수의 고객들에게서 투자 자금을 받아 그들의 자산을 어마어마하게 불려주었다.

여러분들도 미래를 선도할 기술에 대해 항상 관심을 가지고 공부할 필요가 있다고 본다. 미래를 이끌 기술을 보유한 회사가 어떤 회사인지를 파악한 후 단돈 100만 원이라도 초장기 투자를 한다면, 수십 년이 지나면 수억 원으로 불어날 수 있다.

저평가된 가치주를 찾아라

주가가 실제 기업의 내재가치보다 낮게 형성된 경우 이를 가치주라고 한다. 기업의 자산가치, 성장가치, 수익가치를 따져서 판단한다. 벤자민 그레이엄에 의해 창시되었고 그의 제자 워런 버핏이 가치주 투자로 많은 자산을 불린 것으로 유명하다. 저평가된 주식을 사서 제대로 주가가 올라갔을 때 팔아서 수익을 얻는 것이 가치 투자 방식이다. 워런 버핏은 "10년간 보유할 주식이 아니면 10분도 보유하지 마라."라는 유명한 말을 했다. 그는 좋은 가치주를 싸게 사서 10년 이상을 보유할 것을 권고했다.

가치 투자에서 중점적으로 보는 것은 재무제표이다. 부채비율이 적고 매출이 꾸준하게 상승하는지를 파악한다. PER, PSR, PBR, EV/EBITDA, ROE, ROA 등을 통해서 기업의 내재가치를 판단하면 된다. ROE가 15% 이상이고 ROA는 7 이상이 되어야 한다. 간단하게 말해서 주가는 낮은데 분기별로 꾸준하게 매출이 상승하고 영업이익이 상승한다면 가치주로 판단하는 것이다. 이러한 가치주가 외부의 영향으로 주가가 폭락했다면 이러한 주식을 대량으로 매입하여 보유하면 된다.

가치주를 파악하기 위해서는 기업에 대한 정확한 분석이 필수적이다. 초보자들이 가치주를 계산하는 것은 쉽지 않다. 다만 한 가지 중요한 사실은 주가는 결국 회사의 이익을 추종하기 때문에 영업이익을 주시해 볼 필요가 있다는 사실이다. 영업이익이 꾸준하게 증가한다면 향후 주가는 여기에 맞춰 상승한다고 보면 틀림없다.

전문가는 가치주를 판단하는 데 있어서 PER보다는 PBR을 관심 있게 보라고 주문하고 있다. PER은 믿을 수 없다는 것이다. PBR은 주가와 1주당 순자산을 비교한 것인데 PBR이 1이라면 주가와 기업의 1주당 자산가치가 같은 것이고, 1 미만이면 주가가 장부상 순자산가치에 미달된다는 것을 의미한다. PBR이 1 미만이라면 저평가된 것으로 본다. 저평가된 주가를 사서 차익을 노리면 된다. 보통 PBR이 낮으면 M&A의 대상이 된다.

또 다른 전문가는 PBR을 무시하라고 한다. PBR보다 더 중요한 것은 순이익의 증가라는 것이다. 가치 투자에서 가장 중요시해야 하는 것은, 미래 이익의 증가라고 한다. 전문가들은 "회사가 파산하는 경우 투자 자금을 회수할 수 있을지는 PBR을 통해서 알 수 있기 때문에, PBR을 중시해야 할 사람들은 채권 보유자들이다."라고 말한다. "하지만 주식 투자자들은 PBR보다는 미래의 순이익이 증가할 것인지를 파악하는 것이 더 중요하다."라고 얘기하고 있다.

* 워런 버핏은 가치 투자로 유명하지만, 매도할 필요가 없는 종목을 사서 영구 보유하는 전략을 사용했다.
* 벤자민 그레이엄은 『현명한 투자자』라는 책을 저술하였으며, 가치 투자와 장기 투자의 중요성을 설파했다.

산업 섹터에서 1위 기업에 투자하라

각 산업 섹터에서 1위 업체를 골라 투자하는 방법이다. 인터넷을 통해 각 산업 섹터에서 1위 기업을 검색해서 파악해 둔다. 반드시 1위 업체만 골라서 투자해야 한다. 1위와 2위의 차이는 수익률 측면에서 많은 차이가 나기 때문이다. 보통 1위 업체는 주가가 폭등하지만 2위 업체는 그렇지 않은 경우가 많다.

한 달에 1~2개씩 1위 업체를 찾아서 노트에 기록해 둔다. 그러다가 여러 가지 외적인 변수로 폭락이 왔을 때 매수하면 된다. 보통 1년에 1~2번 폭락장이 온다. 그때 주식을 싸게 사서 비싸게 되었을 때 파는 것이다. 만약 장기적으로 성장성이 높게 판단된다면 주식을 계속 보유해야 한다.

시총이 가장 많은 1위부터 4위까지 기업에 무조건 투자하는 방법도 있다. 매달 수입의 일정 부분을 정기적으로 투자한다. 가장 간편한 투자법이다. 현재 시총 1위인 삼성전자에 계속 투자하여 주식수를 늘려가면 된다. 또는 시총 1위부터 4위까지 기업에 지속적으로 주식을 사서 모으는 것이다. 역시 매달 일정한 날짜에 4개 기업에 적당한 비율로 배분해서 투자를 한다. 예를 들면 1위 기업에 40%, 2위 기업에 30%, 3위 기업에 20%, 4위 기업에 10%를 배분해서 투자를 하는 것이다.

시총 1~4위 기업이 새롭게 바뀌면 탈락되는 회사의 주식을 매도하고 새로 편입된 기업으로 바꿔 투자한다. 1위 기업에만 투자하든 1~4위 기업에 투자하든 그것은 여러분이 정하면 된다. 중요한 것은 이들 기업의 주식을 꾸준히 사서 모아가는 데 목표를 정한다. 매달 월급의 일정 금액을 최우량 기업의 주식에 수십 년 투자한다면 여러분은 60세 이후에 큰 자산을 보유하게 된다.

우리나라 우량기업에 장기 투자하는 것도 좋은 방법이다. 즉 삼성전자, 네이버, 카카오, 현대자동차, SK하이닉스 등에 투자하는 것이다. 여기에서 예를 든 것은 100% 우량주라고 단언하는 것은 아니다. 여러분 각자가 공부를 통해서 장기적으로 꾸준하게 성장할 수 있는 우량기업을 찾아서 투자하면 된다. 중요한 점은 첫째로 지속적인 성장이 가능한 우량 종목을 신중하게 선정하고, 둘째로는 우량주식을 계속 사서 모으는 것이다.

신고가를 기록한 주식을 눈여겨보라

신고가를 뚫고 상승하는 주식을 찾아 투자하는 방법이다. 인터넷을 통해서 매일 신고가를 형성한 주식을 찾는다. 신고가를 갱신하는 종목이 앞으로 더 올라갈 확률이 높다는 가정하에서 투자하는 것이다. 예를 들어 에코프로가 전고점이 7만 원이었는데 이를 뚫고 상승했다면 에코프로를 매수한다. 신고가 종목을 찾으면 그 종목에 대한 면밀한 조사를 하여 앞으로 성장성이 풍부한지를 먼저 파악한다. 향후 계속 성장성이 있다고 판단되면 매수에 들어가는 것이다. 에코프로는 한때 120만 원대까지 상승했다.

신고가는 52주 신고가를 말하는 경우와 역대 사상 최고가를 의미하는 역사적 신고가 이 두 가지 종류가 있다. 신고가 발생 초기에 들어가서 장기 투자를 한 경우 엄청난 수익을 내는 경우가 많다. 주식 투자는 장기 투자를 목표로 하는 것이 대박 나는 길이라는 사실을 명심해야 한다. 장기 투자로 수십 배, 수백 배의 수익을 올릴 수 있는데, 겨우 2~3배 수익에 파는 것은 어리석은 일이다. 장기 투자만이 부자가 되는 길이라는 사실을 수십 번 강조해도 지나치지 않다.

하지만 신고가가 발생했을 때 무조건 따라 들어가서는 안 된다. 이것이 작전 세력들에 의해서 일시적으로 신고가를 갱신했는지를 잘 파악해야만 한다. 작전 세력들에 의해 신고가가 발생했다면 곧이어 급락이 오기 때문이다. 향후 계속해서 충분한 모멘텀이 있고 지속적으로 성장성이 예측되는 경우 들어가서 장기적으로 투자하면 좋다.

신고가 중에서 가장 주목해야 할 것은 역사적 신고가이다. 기존의 모든 고가를 뛰어넘는 역사적 신고가가 그야말로 엄청난 주가의 행보를 예측할 수 있는 바로미터가 된다. 기업이 상장된 이후 가장 높은 고가를 단숨에 뛰어넘는 역사적 신고가인지를 파악해야 한다. 기업이 미래에 엄청난 성장의 잠재력을 지녔다면 당연히 역사적 신고가를 기록해야 마땅하다. 미리 그 종목의 가격이 미래에 어느 정도까지 올라갈 것인지를 예측한다. 그런 다음 역사적 신고가와 미래 가격을 비교해 보고 투자를 하는 것이 좋다.

결론적으로 말하면 신고가가 발생했을 경우 이 신고가가 작전 세력에 의한 일시적인 신고가인지 아니면 향후 수십 배 혹은 수백 배의 전주곡인지를 잘 구분할 줄 알아야 한다. 우리는 후자에 베팅을 해야 한다. 작전 세력의 의한 단기적인 신고가는 들어가지 말아야 한다. 작전 세력의 신고가는 어느 순간 폭락이 와서 언제 휴지 조각으로 변할지 모르기 때문이다. 신고가가 발생하면 그 기업이 건실한지, 꾸준한 매출의 성장과 이익이 기대되는지를 잘 파악해야 한다. 특히 미래에 각광받는 업종인지를 판단하고 장기적으로 무궁한 발전의 가능성이 있는 업종이라면 과감하게 장기 투자를 결정해야 한다.

김정수 고수의 고래 등에 올라타라

세력이 진입한 즉시 함께 들어가서 10%만 먹고 나오는 전략이다. 대표적인 단기 투자 방법이라고 말할 수 있다. 김정수 고수는 물려도 살아남을 수 있는 종목을 선택할 것을 강조하고 있다. 즉 세력이 큰돈을 투입하고 동시에 저점에서 턴어라운드하는 종목에 투자한다는 것이다. 하루에 200개에서 1천 개 정도를 차트를 통해서 세력들의 진입 여부를 확인한다. 특히 저점에서 횡보하는 주식을 가장 눈여겨본다. 오랫동안 저점에서 횡보하는 주식을 찾는다. 그러나 세력들은 반드시 저점에서만 들어가는 것이 아니며, 가격을 불문하고 분위기가 되면 거액의 자금을 투입한다. 또한 대형주나 중·소형주를 가리지 않고 진입한다. 이러한 고래들의 특성을 감안해야 한다.

저점에서 장기간 횡보하는 주식을 유심히 살펴보다가 세력이 진입한 것을 확인하면 즉시 같이 들어간다. 목표수익률은 10% 정도 정한다. 보통 세력이 목표수익률이 얼마로 정했는지 알 수 없기 때문에 본인이 정한 목표수익률 10%에 도달되면 신속하게 빠져나와야 한다. 잘못하면 물려서 큰 손실을 볼 수 있기 때문이다.

세력들이 움직이기 시작할 때를 재빨리 포착해야 하므로 매일 차트를 확인하는 작업이 필요하다. 따라서 일반 직장인들이 하기에는 어렵다. 은퇴 후 시간적 여유가 있는 분들이 하기에 적합한 투자전략이다. 신속하게 들어가서 신속하게 빠져나와야 한다. 언제 급락할지 모르기 때문이다. 세력들의 자금 투입 크기를 보면서 향후 하락 시점을 예측하는 것이 관건이다.

지난 대통령 선거 시기에 JP모건이 거액의 자금을 일시에 투입해 안랩 주가를 며칠 동안 급등시켜서 수익을 실현했다. 그 이후 주가는 바로 급락했다. 안랩 주식에 대통령 선거 전에 투자한 사람들은 재미를 봤을 것이다. 설사 JP모건이 수백억 원을 투입한 것을 확인한 후에 재빨리 들어가서 10%만 이익을 얻고 나왔다면 역시 좋은 결과를 가졌을 것이다. 하지만 욕심을 너무 부리다가 제때 팔지 못했다면 손실을 볼 수도 있는 것이다.

김정수 고수는 "고래들이 거대한 자본을 투입하는 종목들이 매일 1~2개씩 발생하기 때문에 투자할 곳은 매일 생긴다."라고 말한다. 그는 "저점에서 횡보한 종목에 들어갔기 때문에 설사 물린다고 하더라도 아주 크게 손실은 보지 않으며, 끈질기게 기다리면 반드시 회복할 수 있다."라고 강조하고 있다.

싼 주식을 모두 소유하라

인덱스 펀드의 창시자인 존 보글은 모든 주식을 담으라고 조언한다. "중소형주 주식을 모두 담아라. 10만 원씩 소유하거나 1억 갖고 100만 원씩 100종목을 사 놓아라. 그러면 부자가 된다."고 말했다. 그는 "건초 더미에서 바늘을 찾지 마라. 건초 더미를 통째로 사라." 그리고 "끝까지 버텨라!"라고 강조한다. 그는 "주식에는 나쁜 주식 좋은 주식은 없다. 싼 주식과 비싼 주식이 있을 뿐이다."라고 말하면서 싼 주식을 모두 쓸어 담을 것을 강조했다. 그는 "비쌀 때 주식을 사면 항상 망한다."라고 말하면서 "싼 주식을 사는 것을 철칙으로 여기라."라고 강조했다.

"우량주 너무 좋아하지 마라. 나머지 주식은 100배 뛴다."라고 말하면서 모든 주식을 매수할 것을 권하고 있다. 그는 "일부 주식은 상장 폐지도 있겠지만 그것은 소수일 뿐이라면서 상장 폐지를 감수해야 한다."라고 했다. 필자가 보기에는 미래에 좋다는 산업의 모든 기업의 주식을 사 모으라고 하는 이야기로 들린다. 장기간 투자해야 하는 것은 필수이며 성장성이 좋은 중소형주를 매수할 것을 존 보글은 조언하고 있다. 그리고 그는 "가장 중요한 것은 싸게 사야 한다는 것이다."라고 주장한다.

존 템플턴은 1912년에 미국 테네시에서 출생했으며, 예일대학을 수석으로 졸업하였다. 그는 '저가 매수의 1인자'로 알려지고 있으며, 또한 '투자의 대가'이기도 하다. 그는 일찍부터 절약이 돈 버는 것만큼 중요하다는 사실을 깨닫고 평생 절약을 전파하고 다녔다. 그가 젊었을 때 새집으로 이사하면서 싸구려 중고가구로 집을 꾸민 일화는 매우 유명하다. 그는 평생 대출을 받지 않고 현금지불을 원칙으로 하였다. 그는 절약해서 돈을 모아 투자할 것을 주위 사람들에게 적극적으로 권유했다. 그는 매달 수입의 50%를 꼬박꼬박 저축하였다.

존 템플턴은 주식의 시장가치는 지나치게 상승하고 지나치게 하락한다는 점을 알고, 실질 가치보다 더 하락했을 때 주식을 매수하고 실질 가치보다 상승했을 때 매도하는 전략을 사용했다. 주가는 기업의 가치와 상관없이 움직이고 있기 때문에 기업의 실질 가치와 주가는 서로 다를 수 있다고 생각했다. 그는 "PER, PBR 등을 이용하여 기업의 실제 가치와 시장가격의 차이를 찾아내는 것이 중요하다."라고 말했다.

그는 돈을 벌기 위해서는 반드시 일반 대중과 다르게 생각해야 하며, 독립적인 사고가 중요하다고 주장한다. 반드시 싼 주식을 사야 하며 평소에 저평가된 주식을 찾는 데 노력하라는 말도 거듭 강조한다. 그는 "사람들은 지나치게 감정적으로 행동하기 때문에 조금만 문제가 생겨도 주식을 내다 팔아서 주가는 하락한다. 실질적으로 기업의 실질 가치가 그렇게 변동되지 않는다."라고 이야기한 바 있다. 그가 보기에 사람들은 늘 감정에 휩쓸리기 때문에 주가가 널뛰게 되는 것이다. 주식에서 돈을 벌려면 남이 어떻게 움직이든 간에 기업의 실질 가치를 분석하고, 저평가된 싼 주식을 사는 게 중요하다.

그는 헐값의 주식을 사기 위해 평소에 좋은 기업을 많이 연구해야 함을 조언하며, '좋은 종목을 평소에 많이 발굴하여 리스트에 올렸다가 실질 가치 밑으로 주가가 내려갔을 때를 기다렸다가 매수할 것'을 권유했다. 시장의 상황이나 경제 상황이 어떻게 변하든 결국 시장은 기업의 가치에 수렴하기 때문이다.

* 존 템플턴은 투자회사 Templeton Growth를 설립하고 글로벌 펀드를 만들어 세계로 투자 범위를 확대하였다. '월 스트리트의 살아 있는 전설'로 칭송받고 있다.

9.

펀드/달러/대체자산
아는 게 힘이다

펀드 먼저 알고 투자하자

펀드란 무엇인가?

여러 사람으로부터 특정한 목적을 위해 돈을 모은 것을 펀드라고 한다. 여기서 다루고자 하는 것은 자산운용사가 투자자들로부터 돈을 모아 주식, 채권, 부동산, 파생상품, 금융자산, 실물자산 등에 투자하여 수익을 투자자들에게 나눠주는 펀드를 말한다. 그 분야에서 경험과 지식이 풍부한 펀드매니저가 투자자를 대신해서 투자해 준다.

그 분야에서 해박한 지식을 갖고 있지 않으면 개인이 투자 종목을 고른다는 것은 쉬운 일이 아니다. 특정 분야에 전문적인 지식을 가진 펀드매니저가 알아서 종목을 골라서 대신 투자해 준다는 점이 펀드의 장점이다. 단점으로는 펀드매니저에게 수수료를 지불해야 하며, 또한 분기마다 투자 내용을 발표하기 때문에 지금 당장 내 돈이 어디에 투자되었는지를 파악하기가 어렵다는 점이다.

펀드매니저를 전적으로 믿어서는 안 된다

미래의 자산 가격 변동에 대해 그 누구도 알 수 없다. 그렇기 때문에 전문적인 펀드매니저라고 해서 절대적으로 믿어서는 안 된다. 10년 동안 돈을 펀드에 맡겼더니 이자는커녕 겨우 원금만 찾았다는 사람도 있다. 이래저래 금융 공부를 하지 않은 사람들은 호구인 셈이다. 전문가들은 "간접투자 방식인 펀드라 할지라도 직접투자만큼의 금융 지식이 필요하다."라고 말하고 있다.(자신의 재산을 지키기 위해서는 금융, 경제 등 재테크 공부는 필수!)

원금 손실도 볼 수 있다

펀드는 이익도 볼 수 있는 반면 손실도 볼 수 있다는 사실을 알아야 한다. 예컨대 주식에 관련된 펀드에 투자했는데 주식이 전체적으로 하락하면 펀드도 손실을 보게 된다. 다른 자산도 마찬가지다. 투자자산의 가격 변동에 따라 펀드에서 손실을 볼 수 있는 만큼 상당한 주의가 필요하다. 어떤 사람들은 적립식펀드가 안전하다고 말하지만, 그 역시 믿을 게 못 된다. 손실을 줄일 수 있을지 모르지만, 전반적인 하락세로 돌아선다면 펀드가 적립식펀드라고 하더라도 이것을 이겨내기는 힘들기 때문이다. 따라서 어떤 펀드를 고르느냐가 중요하다.

펀드 공부가 먼저다

모든 금융상품은 가격이 변동한다. 따라서 오늘 좋다가도 다음 달에 가격이 내려갈 수도 있다. 미래에 무슨 일이 일어날지 그 누구도 알 수 없다. 한 치 앞도 알 수 없는 것이 세상의 이치다. 따라서 평소에 금융 공부 열심히 하는 것이 필요하다. 공부하지 않고 판매자의 말만 100% 믿고 덜컥 가입했다간 큰코다친다. 펀드에 3년씩 넣었는데 손실을 봤다는 사람이 부지기수다. 어떤 투자자는 "5년 지나니까 반토막이 나고 10년 되니 원금이 되었다."라고 말한다. 그런데 중간에 수수료는 꼬박 떼어가는 것이 펀드다.

중요한 것은 펀드 상품에 대한 기초적인 지식을 갖고, 어떤 상품에 가입할 것인지 정도는 선택할 수 있어야 한다. 개인이 평소 경제 및 금융 공부를 통해서 자신이 원하는 상품을 골라야 한다는 점이다. 자신이 잘 모르는 상품의 펀드 가입은 피하는 것이 좋다. 필자가 아는 분 중에 한 분은 친지 소개로 펀드에 거액을 가입했다가 엄청나게 큰 손실을 보았다. 직원 말만 믿고 가입한 결과다.

펀드 판매직원은 대부분 판매할당을 채우기 위해 무조건 좋은 상품이라고 권하지만, 그 말을 100% 믿어서는 안 된다. 보통 그 상품의 위험성에 관해 설명하지 않는다. 만약 여러분이 펀드 가입을 권유받았다면 최소한 1개월 만이라도 그 펀드의 상품 내용과 위험성에 관해 공부해야 한다. 그러나 현실은 대부분 공부를 안 하고 고민 좀 하다가 그 직원의 다짐을 받고 가입한다. 판매직원의 다짐을 받아봐야 손실을 보상해 주지 않는다. 잘되면 좋으나 그렇지 못한 경우도 많다. '공부 안 하면 내 돈을 잃게 된다'는 사실을 명심하기 바란다.

펀드 고르는 방법

- 기초적인 펀드에 대해 공부를 하고 투자설명서를 꼼꼼히 살펴본다.

- 운용사의 실력이 어느 정도인지 파악해야 한다.

- 펀드매니저의 투자성향, 투자철학, 품성, 태도 등을 파악한다.

- 펀드매니저가 바뀌지 않고 오래 근무하는지를 알아본다.

- 펀드수수료와 각종 운용보수가 비싸지 않은지 살펴본다.

- 선취수수료보다는 총보수가 저렴한지 확인하는 것이 중요하다.

- 펀드 상품의 성장성, 수익성, 안전성이 좋은지 파악해 본다.

- 운용사의 대표적인 펀드를 선택하는 것이 무난하다.

- 펀드가 평균 시장 수익률을 상회하는지 파악한다.

- 일관성 있게 수익률이 좋은지 확인한다.

- 펀드 규모가 너무 적거나, 너무 비대한 것은 피하는 것이 좋다.

펀드 관련 회사 3인방

1) 펀드 판매회사

펀드 상품을 파는 회사에는 은행, 보험, 증권사 등이 있다. 판매사들은 펀드 판매만 하는 회사이기 때문에 펀드 운용에는 직접적인 역할은 하지 않는다. 펀드를 굴리는 것은 자산운용사에서 담당한다. 따라서 펀드 상품을 어디서 구매하든 큰 상관은 없다. 판매사는 판매커미션을 받고 판매만 대행해 줄 뿐이다.

2) 수탁사

투자자의 펀드 재산을 보관, 관리, 운용하는 회사이다. 주로 은행에서 펀드 자금을 보관하고 자

산운용사의 지시를 받아 각종 자산에 투자하는 역할을 한다.

3) 자산운용사

펀드매니저가 펀드 상품을 만들고 운용하는 회사를 말한다. 다시 말해 펀드의 투자 대상, 투자

지역, 투자 규모, 투자 방법 등을 기획하여 펀드 상품을 만들고 수탁사에 운용지시를 내린다.

펀드 투자 시 반드시 살펴봐야 할 내용

원금 손실 가능성

펀드는 원금 손실이 날 수 있는 상품이다. 금융 및 경제 지식이 부족한 투자자들은 손실을 볼 가능성이 크다. 펀드가 어떤 내용의 상품인지 그리고 그 상품의 위험성은 무엇인지 모르는 상태에서 가입을 하면 피해를 볼 수가 있다. 펀드의 투자 대상 상품이 주식인지, 채권인지, 파생상품인지 등을 잘 살펴서 그에 대한 위험성을 파악하고 가입해야 한다.

가격이 어떻게 변동되는지를 잘 알고 충분히 대처할 수 있는지를 파악해야 한다. 주식에 투자한 경우 주가가 하락세로 바뀔 때 어떤 식으로 대처하는지도 물어봐야 한다. 대부분 좋은 얘기만 하고 손실이 나면 '나 몰라라' 하는 것이 한국의 실정이니만큼 각별한 주의가 필요하다. 투자하기에 앞서 펀드 지식을 갖추는 것이 필수라는 점을 다시 한번 강조한다.

각종 보수 및 수수료 부담

아무리 펀드에서 손실이 발생해도 운용보수는 떼어간다. 일찍 펀드를 종료하면 환매수수료를 물어야 한다. 보통 3개월이 지나지 않으면 수익의 70%까지 환매수수료로 지불해야 한다. 판매 시점에는 판매수수료를 내야하고 각종 운용 및 유지에 관련된 비용도 지불한다. 어떤 경우는 수익보다 각종 수수료와 비용으로 나가는 돈이 더 큰 경우도 많다.

펀드 수수료와 각종 보수 비용

선취수수료: 펀드에 입금할 때마다 나가는 수수료(예: 1%)

후취수수료: 환매 시점에서 떼는 수수료

환매수수료: 펀드 만기 전에 환매하는 경우 페널티로 물어야 하는 수수료

(보통 90일이 지나지 않으면 수익에 대해 30~70%까지 내야 한다.)

* 수수료는 매수나 환매 시 한 번만 지불하는 비용이다. 선취수수료는 A클래스, 후취수수료는 B클래스, 수수료가 없는 경우 C클래스, 선취와 후취수수료 모두 내는 경우 D클래스로 분류한다. A클래스는 총보수가 낮은 편이고 C클래스는 총보수가 상대적으로 높은 편이다.

운용보수: 돈을 굴려주는 대가로 자산운용사에 지불하는 돈

판매보수: 펀드를 판매한 회사에 내는 돈

사무관리보수: 펀드 사무관리에 드는 비용

수탁보수: 수탁회사에 지불하는 비용

기타비용: 주식 거래 비용

* 보수는 가입 기간 중에 지속적으로 지불하는 비용이다.

투자자라면 알아야 할 펀드 분류

펀드 모집에 따른 분류

공모펀드(Public Offering Fund)

50명 이상 일반인들에게서 공개해서 자금을 모집해서 자산운용사가 굴려주는 펀드다. 보통 줄여서 펀드라고 부른다.

사모펀드(Private Equity Fund)

특정한 소수의 투자자들에게 비공개로 자금을 모집하는 펀드로서 투자기업의 경영권 참여와 구조조정 등을 통해 기업가치를 높여 수익을 나눠준다. 투자자의 수는 100인 이하이며 기관투자자나 고액자산가들이 모집 대상이다. 투자 대상이나 투자 비중에 제한이 없으며, 고수익을 목적으로 한다. 한 종목에 몰빵투자가 가능하며, M&A에 대한 경영권 방어 목적으로 활용되기도 한다. 사모펀드의 규제 완화로 급성장하였으며, 공모펀드를 능가하는 수준으로 성장하면서 많은 문제점도 발생하고 있다.

헤지펀드(Hedge Fund)

100명 미만의 투자자로부터 자금을 모아 경영에 개입하지 않고 공매도와 롱숏전략을 사용하여 주로 단기 매매차익을 노린다. 주로 국제증권시장이나 국제외환시장에 투자하고 있으며, 특히 파생상품 등 고위험상품에 투자하여 고수익을 노린다. 선물과 현물을 결합한 다양한 투자전략을 사용하고 있다. 헤지펀드는 대규모의 레버리지를 사용하며 절대수익을 추구하고 투기적 성격을 강하게 띤다.

뮤추얼펀드(Mutual Fund)

주식발행을 통해 투자자를 모집하여 형성된 자산을 전문적인 투자운용사에 맡기고, 그 운용 수익을 투자자에게 돌려주는 법인회사를 의미한다.

펀드 특성에 따른 분류

주식형펀드: 주식에 60% 이상 투자하고 나머지는 채권에 투자(고수익 추구)

채권형펀드: 채권에 60% 이상 투자하고 나머지는 주식에 투자(안정성 추구)

혼합형펀드: 주식과 채권을 반반씩 투자(수익과 안정성 동시 추구)

MMF(Money Market Fund): 단기 금융상품에 투자하는 펀드(CP, CD, 콜 등에 투자)

인컴펀드: 채권, 리츠, 배당주에 투자해 수익을 챙길 수 있는 펀드

성장주펀드: 성장주에 투자하는 펀드

가치주펀드: 저평가된 주식에 투자하는 펀드

배당주펀드: 배당을 많이 주는 주식에 투자하는 펀드

인덱스펀드: 주가지수와 동일한 수익을 올리도록 만든 지수 추종 펀드

ETF(Exchange Traded Fund): 인덱스펀드를 기초로 만들어 주식처럼 거래할 수 있는 펀드

대형주펀드: 대형주에 투자하는 펀드

중소형주펀드: 중소형주에 투자하는 펀드

테마펀드: 테마에 집중적으로 투자하는 펀드(부동산펀드, 파생상품펀드, 금, 은 석유 등 실물에 투자하는 실물펀드)

재간접펀드: 자산운용사가 직접 투자하는 것이 아니라 주식이나 채권에 투자하는 펀드에 재투자하는 펀드(예: 시장에서 검증된 펀드만 골라 가입하는 펀드. 분산투자 효과, 대신 수수료 비쌈)

롱숏펀드(양방향투자): 주가가 상승에 예상되는 주식은 매입하고(long) 동시에 주가가 하락이 예상되는 주식은 미리 팔아(short) 수익을 낸다. 시장 상황과 관계없이 절대 수익을 추구한다. 하락장에도 수익을 낼 수 있다. 롱숏펀드는 펀드매니저의 역량에 크게 좌우된다. 상승장에 공매도를 하

면 이익을 볼 수가 없다.

역외펀드(off-shore fund): 과세를 피하기 위해 규제가 약한 지역에 설립하는 뮤추얼펀드(예: 버뮤다제도, 바하마 등에 설립한 펀드)

TDF(Target Date Fund): 은퇴 시기를 목표 시점으로 해서 생애주기에 따라 포트폴리오를 알아서 조정해 주는 자산배분 펀드이다. 젊을 때는 공격적인 투자를 나이가 들어감에 따라 안정적인 투자를 하는 방식으로 자산배분을 연령대에 맞춰 알아서 조정한다. 다시 말해 나이가 젊을 때는 위험자산인 주식에 비중을 높이고 은퇴에 가까울수록 안전자산인 채권에 비중을 높이는 방식이다.

펀드 납입 방법에 따른 분류

적립식펀드: 매월 일정액을 넣어 투자하는 펀드

거치식펀드: 한꺼번에 목돈을 넣어 투자하는 펀드

임의식펀드: 투자 기간이나 금액을 정하지 않고 자유롭게 입출금할 수 있는 펀드

기타 펀드 분류

개방형펀드: 펀드에 투자한 자금을 회수 또는 추가 투자가 자유로운 펀드

폐쇄형펀드: 중도 해지가 불가능하며 추가 투자도 허용되지 않는 펀드

액티브펀드; 인덱스펀드의 초과 수익을 목표로 펀드매니저가 운용하는 펀드

패시브펀드: 지수를 추종하는 인덱스 펀드

달러 투자는 대표적인 안전자산이다

가장 안전한 자산

전 세계에서 거래되는 돈의 80% 이상이 미국 달러다. 한국 원화는 2%도 채 안 된다. 미국의 달러는 세계 경제의 변동에도 크게 흔들리지 않는다. 세계 경제 위기가 발생하면 달러는 강세를 나타낸다. 달러는 세계의 무역 거래의 기축통화이기도 한다. 우리나라 돈은 받지 않는 곳이 많지만, 달러는 세계 곳곳에서 사용된다. 우리가 달러에 관심을 가져야 하는 이유다. 달러에 대한 투자는 돈에 대한 투자이며, 가장 안전한 투자자산 중의 하나다.

달러는 안전자산이라는 점에서 적절하게 이용할 가치가 충분하지만, 적극적으로 투자 수익을 노리는 대상으로는 적합하지 않다. 그 이유는 달러는 대표적인 박스권 시장이기 때문에 지속적으로 우상향하지 않는 속성이 있다. 따라서 지속적으로 수익을 낼 수 없다. 다만 이 장에서 달러의 속성과 달러 투자에 대한 이해의 시간으로 가지면 좋겠다. 달러도 나름대로 장점이 있는 만큼 필요한 경우 적절하게 투자하되 크게 중점적으로 투자할 자산은 아니다. 주력 투자 대상으로는 장기 투자 종목에 집중해야 한다고 본다.

달러는 세계 어디서든지 사용이 가능하다

달러는 세계 어디서든지 사용이 가능하며, 세계의 금융거래와 결제의 기본이 되는 기축통화(key currency)로서 역할을 하고 있다. 전 세계 금융시장에서 거래되는 돈의 60%가 달러다. 미국은 세계 GDP 1위를 점유하고 있으며, 경제력부터 시작해서 군사력에 이르기까지 어느 나라도 쉽게 능가할 수 없는 나라다. 미국은 최고의 첨단 기술을 가지고 있으며, 각 분야에서 전 세계를 리드하고 있다. 미국은 초강대국의 지위를 확고하게 가지고 있다.

전 세계 모든 사람들이 원하는 돈이 달러다. 원유 대금 결제도 달러로 하고, 대부분 무역거래도 달러로 하고 있다. 이 세상의 모든 물건을 달러로 살 수 있다. 미국이 강대국의 지위를 유지하는 한 달러의 중요성은 계속될 것이다. 중국의 위안화는 중국에서는 사용할 수 있겠지만 세계 모든 곳에서 사용되지는 않는다. 글로벌 시각에서 보면 원화보다 더 가치 있는 돈이 달러다.

원화의 헤지수단

원화의 헤지수단으로 달러를 보유해야 한다. 통화도 분산투자를 해야 한다. 언제 원화 가치가 추락할지 모른다. 그때는 달러 가치가 오르게 될 것이다. 초강대국의 통화인 미국의 달러는 국내 경제 위기가 올 때마다 가치가 급등한다. IMF 위기 때는 달러 환율은 1달러에 2,000원 가까이 올랐다. 언제 또다시 한국에 경제적 위기가 올지 모른다. 특히 자녀에게 유학자금을 보내야 하는 분, 기타 해외여행 등으로 달러가 필요한 분은 달러 가격이 하락할 때 달러를 사두는 것이 좋다.

달러를 이용해 투자한다

달러는 미국 화폐이다. 달러는 미국 돈이기 때문에 달러 투자는 돈에 투자하는 전략이다. 달러는 돈 그 자체이기 때문에 언제든지 활용할 수 있다. 다시 말해 현금처럼 언제든지 사용할 수 있다는 점에서 매력적인 상품이다. 달러로 미국 주식, 미국 고배당주, 미국 ETF 상품에 투자할 수 있다. 또한 미국 채권이나 미국 부동산에도 투자할 수 있다. 따라서 환율에서 수익을 보고 동시에 투자상품에서도 수익을 볼 수 있다.

달러의 효용성 및 주식과 관계

해외여행을 할 때 혹은 해외 유학자금으로도 사용할 수 있다. 달러 투자는 그만큼 효용성이 크다는 뜻이다. 미국 돈이기 때문에 휴지 조각이 되는 법도 없고, 상장 폐지되는 법도 없다. 비싸게만 사지 않으면 손해 볼 일이 전혀 없다. 비싸게 사지 않는 방법은 달러 가격의 중간선을 정해 중간선 이하로만 사서 가격이 오르면 파는 전략을 구사하면 된다. 달러는 그 자체가 돈이고 세계에서 가장 가치를 인정받는 돈이다.

주식과 달러는 서로 보완관계를 나타낸다. 원 · 달러 환율이 오르면 달러를 팔고 원화로 바꿔 주식을 사고, 원 · 달러 환율이 내려가면 원화를 팔고 달러를 사는 전략을 구사한다. 부동산 가격이 내려가고 달러가 강세를 나타내면, 달러를 팔고 부동산을 매입하는 것도 좋은 방법이다.

달러는 100% 이익이 나는 투자다

달러 투자는 가장 간단하면서 안전하게 투자할 수 있다. 달러 적정기준 가격을 정해놓고 기준 가격 이하로 내려가면 사고 산 가격보다 올라가면 팔아서 이익을 취하면 된다. 산 가격보다 내려가면 절대 팔지 않는다. 올라갈 때까지 기다린다. 이렇게 하면 달러 투자는 절대 손실이 날 수 없다. 100%로 이익이 나는 투자다.

달러 환율이 너무 오르거나 너무 내리면 정부에서 적절하게 개입하여 이를 통제한다. 따라서 무한정 내려가거나 올라가는 일은 없다. 물론 일시적으로 급락하거나 급등할 수는 있다. 하지만 곧 정부에서 환율을 적절하게 유지하기 위해 각종 조치를 취하면서 다시 정상적인 가격범위 내로 돌아오게 된다.

달러는 박스권 시장이다

달러 가격은 최저점과 최고점을 오르내리는 박스권 시장이라고 볼 수 있다. 따라서 고점에서 매수하면 손실을 보게 되므로 주의해야 한다. 최근 10년간 달러 평균 환율은 1,100원이었다. 과거 달러의 최저점은 700원이었고, 최고점은 2,000원이었다. 전문가에 따라서는 중간선을 1,100원, 1,150원, 1,200원으로 정하는데 여러분이 각자 나름대로 적정한 가격대를 중간선으로 정하면 된다. 중간선에서 더 내려가면 계속 분할 매수를 하고 가격이 오르면 매도하면 된다.

반드시 중간선 이하에서 분할 매수 하라

예를 들어 1,100원을 중간선으로 보고 1,100원에서 10원씩 떨어질 때마다 분할 매수를 10번이나 15번에 나눠서 한다. 그래서 950원까지 분할 매수를 했다면 환율이 960원이 될 때 950원에 매수하는 것을 매도하고, 970원이 될 때 960원에 매수한 것을 매도하는 식이다. 980원에서 다시 970원으로 떨어지면 다시 970원을 매수한다. 이런 방식으로 매수매도를 하면 절대 손실을 볼 이유가 없다. 오르지 않으면 팔지 않고 갖고 있으면 되기 때문이다. 달러 투자는 반드시 환율이 중간선 이하로 떨어질 때만 매수해야 한다. 중간선 위로 원·달러 환율이 형성되면 매수를 중지해야 한다.

또한 하루에 0.1%씩만 수익을 보고 매매하는 방법도 있다. 한 달에 10번 거래하면 1%의 수익을 얻게 되고 1년이면 12%의 수익을 올리는 것이다. 이러한 방법은 매일 거래해야 하는 단점이 있고 또한 자금을 많이 투입해야 어느 정도 인건비가 나온다. 달러의 가격이 지속적으로 우상향한다고 볼 수 없기 때문에, 만약 달러가 하락세로 돌아서면 손실을 볼 수밖에 없다. 따라서 이 역시 중간선 이하로 내려갔을 때 해야 그나마 안전하게 거래할 수 있다는 것이 어려운 점이라고 할 수 있다.

달러 지수를 보고 판단하라

달러 가치를 판단하는 데 달러 지수를 활용하는 것도 좋은 방법이다. 달러 지수가 100 이하면 달러 약세로 간주하고, 달러 지수가 100 이상이면 달러 강세로 판단한다. 달러 지수가 100 이하인 경우 매수를 하고 100 이상이면 매도하는 전략을 취한다.

달러 지수(U.S. Dollar Index)

세계 주요 6개국 통화 대비 미국 달러의 평균 가치를 나타낸다. 유럽 유로화(57.6%), 일본 엔화(13.6%), 영국의 파운드화(11.9%), 캐나다의 달러(9.1%), 스웨덴의 크로나(4.2%), 스위스의 프랑(3.6%)으로 구성되어 있다.

달러 환전 수수료를 꼼꼼히 비교하자

환전 수수료는 살 때와 팔 때 붙는 수수료를 말하는데 은행은 경우 달러 현찰은 1.75% 이고 전신환은 1% 정도이다. 증권사는 전신환만 취급한다. 원·달러 환율이 1,000원일 때 살 때 환전 수수료 1.75%를 내게 되면 1,017.5원을 지불해야 한다. 또한 팔 때는 1,000원에서 1.75% 수수료를 제하면 982.5원을 받게 된다. 은행 환전 수수료는 1.5~1.75%인데, 은행별로 우대할인율을 적용하면 90%까지 할인이 돼서 0.175%까지 낮출 수 있다. 증권사 환전 수수료는 은행보다 낮다. 보통 1% 정도 된다. 외화를 현금으로 인출하려면 은행으로 보내야 하기 때문에 송금수수료가 발생한다. 해외여행 가서 달러를 사용한다면 은행 외화예금이 더 유리하다. 공항에서 환전하는 경우 수수료가 은행보다 높다.

환율 스프레드

외환을 살 때 가격과 팔 때의 가격의 차이를 말한다. 다시 말해 환전 수수료를 의미한다. 예를 들어 원·달러 환율이 1,000원이고 환율 스프레드가 1.5%라면 살 때는 1,015원을 지불하고 팔 때 985원에 팔게 된다.

환전 수수료 우대율: 환전 스프레드 할인율이다. 우대율이 90%라면 환전 수수료 1.75%에서 90% 할인해 준다는 의미다.

* 기준환율: 달러의 값
* 고시환율: 은행에서 살 때 혹은 팔 때 달러 가격. 기준환율에다 환전 수수료가 부가됨.

트리핀 딜레마(Triffin's dilemma)

미국 예일대 로버트 트리핀 교수는 "세계 시장에 달러의 유동성을 공급하기 위해 미국은 지속적으로 무역적자를 늘려야 하는 딜레마가 있다."라고 말한다. 달러가 많이 공급되면 달러 가치가 하락하고, 달러 공급을 줄이면 유동성에 문제가 생긴다. 하지만 미국이 무역적자보다 달러 수요가 더 많이 늘어나고 있어 큰 문제가 되지는 않는다. 만약 미국이 흑자를 지속하면 달러의 가치는 안정되지만, 유통되는 달러가 줄어들어 기축통화의 역할이 줄어들게 된다.

대체자산은 인플레이션에 좋은 대처 방법이다

대체자산이란 무엇인가?

주식과 채권을 전통자산이라고 말하며, 전통자산을 제외한 모든 자산을 대체자산(Alternative Asset)이라고 한다. 대체자산 투자는 보통 유형자산에 대한 투자를 말하며 여기에는 금, 은, 구리, 보석, 미술품, 우표, 부동산, 인프라, 곡물, 원자재 등이 있다. 보통 인플레이션을 헤지하기 위해 대체자산에 투자하게 된다.

전통자산과 대체자산의 상관관계

두 자산의 관계에서 같이 오르거나 같이 내리면 양의 상관관계(Correlation)라고 부른다. 두 자산의 관계에서 서로 반대 방향으로 움직이면 음의 상관관계라고 부른다. 음의 상관관계를 보이는 자산에 분산 투자하면 자산의 변동성을 낮출 수 있다. 전통자산과 대체자산은 서로 낮은 상관관계를 가진다. 부동산과 주식은 낮은 상관관계를 나타내며, 부동산과 채권은 음의 상관관계를 보인다. 주식과 채권은 보통 반대로 움직이지만 동반 하락하는 경우도 있다.

금 투자

인플레이션 시기와 경기둔화 될 때 금값은 상승한다. 여기서는 대체자산 중에 금 투자에 대해 중점적으로 살펴보기로 하자. 금은 안전자산에 속한다. 금은 투자 메리트가 높다고 할 수가 없다. 그 이유는 금은 가성비가 좋지 않기 때문이다. 주식처럼 5배, 10배 오르기가 힘들다. 금은 생산성이 없기 때문에 스스로 이익을 창출하지 못한다. 다만 경제 위기나 인플레이션이 심할 때 가치가 안정적으로 유지된다는 점이 장점이라고 할 수 있다.

금 보유량은 미국이 1위, 독일이 2위로서 가치 저장 수단으로 이용된다. 위기 상황에서 금값은 폭등한다. 달러 가치가 떨어지면 각국은 금을 사들인다. 달러가 불안할 때 금이 필요하다. 달러가 약화되면 금값이 폭등하게 된다. 따라서 달러와 금을 같이 보유해서 포트폴리오를 구성할 필요가 있다. 달러는 원화의 헤징 수단으로 보유하고, 금은 달러의 헤징 수단으로 보유하면 된다.

금과 은의 변동성의 차이

금과 은은 같이 움직인다. 그런데 은의 변동성은 대체로 금의 2배로 움직인다. 따라서 금과 은이 하락했을 때 은에 투자하면 더 많은 수익을 올릴 수 있다. 금은 주로 장식용으로 많이 사용하지만 은은 산업용으로 많이 사용하는 특징이 있다. 은은 오를 때 금의 2배로 오르고, 내릴 때도 금의 2배로 하락하게 된다.

간접투자(실물 금과 교환 불가)

금 ETF

증권사 계좌에서 금 ETF 상품을 구입하면 된다. ETF 상품이기 때문에 주식처럼 실시간으로 사고팔 수 있다. 국내 상장 ETF는 배당소득세 15.4%가 부과되며, 해외 상장 ETF는 총 수익이 250만 원이 초과되면 22%의 양도소득세를 낸다.

SPDR 골드 세어즈: 세계 최대 규모의 금 현물투자 ETF

KODEX 골드 선물(H): 국내 금 ETF, S&P 골드지수 추종. (H)는 환헤지를 의미

* 국내 상장 해외상품이나 해외상품을 직접투자 시 환율에 대해 환헤지나 환노출을 선택해야 한다.
* 골드 등 원자재는 기준통화가 달러로 거래된다.

팍스골드(PAXG), 테더골드(XAUT): 금 가치와 연동하는 스테이블 코인

골드247: 세계금협회(WGC, World Gold Council)가 블록체인 기술을 이용해서 전 세계 금괴를 추적하는 데이터베이스를 구축하고, 이에 연동한 디지털 토큰을 통해 온라인상에서 금을 거래할 수 있게 해 주는 서비스. 위변조가 어려운 블록체인 기술을 이용한다는 점이 장점이다.

금펀드

금광을 보유한 회사 혹은 금을 캐는 회사 등 금과 관련된 회사들을 펀드에 담았다. 따라서 금에 직접 투자하는 것이 아니라는 점을 알아야 한다. 금값이 올랐다고 똑같이 펀드 수익이 오르지 않을 수도 있다. 금펀드에 가입하면 펀드 수수료와 수익에 대해 배당소득세 15.4%를 부담해야 한다.

직접투자

런던 금시장: 미국 100온스(약 3kg), 영국 400온스

금통장 개설

금통장은 가까운 은행에서 개설할 수 있기 때문에 접근성이 좋다. 0.01g 단위로 거래가 가능해 소액 투자가 가능하다. 하지만 사고팔 때 각각 1%의 수수료가 붙으며 소득에 대해 15.4%의 배당소득세가 부과된다. 금가격은 은행에서 고시한 가격으로 거래된다. 돈으로 찾을 수 있고 실물인 금으로도 인출할 수 있다. 금으로 인출할 경우 부가가치세 10%가 부과된다. 그리고 매매차익에 대해서는 양도소득세 15.4%가 부과되며 금융소득종합과세 대상이다.

10.

돈 많은 부자들이
애용하는 채권

장단점을 알면 채권을 좋아하게 된다

채권이라는 것은 돈을 빌리고 이자와 원금을 갚겠다고 표시하는 차용증서다. 발행 주체에 따라 국가가 발행하면 '국채', 회사가 발행하면 '회사채'라고 한다. 채권시장은 한국거래소(KRX)에서 거래되면 '장내시장 거래'라고 하고, 당사자끼리 직접 거래하는 것을 '장외시장 거래'라고 말한다.

채권은 대표적인 안전자산이다. 채권은 만기 때까지 일정한 이자를 지급하고 만기에 원금을 돌려준다. 평소에 채권에 투자하고 있다가 주식시장이 폭락했을 때 주식을 사는 것이 좋다. 그런 다음 주식이 목표한 가격까지 오르면 팔고 고배당주나 채권으로 일부 자산을 이동시켜서 자산을 보존한다. 특히 환차익의 효과를 고려하여 미국 국채에 투자하는 것도 좋은 방법이다.

투자에서 중요한 것은 위험자산과 안전자산의 비중을 적절하게 배분해야 한다는 점이다. 주식시장은 위험이 있는 만큼 이 위험을 잘 피해야 한다. 따라서 주식시장에서 수익을 올린 후, 자금을 안전자산에 이동시키는 것이 현명하다. 경기가 호황일 때는 주식에 투자하고, 불황이 예측되면 안전자산인 채권으로 자금을 이동시키는 전략이 필요하다.

모든 것은 오르면 다시 내려간다. 올랐을 때 일부를 팔아서 안전자산에 이동시키면 나의 자산을 지킬 수 있다. 주식이 내려가기 시작할 때 안전자산으로 자금을 이동시키고, 다시 주가가 바닥에서 반등하기 시작할 때를 기다리는 것이다. 주가가 바닥에서 서서히 반등하기 시작하면 그때 안전자산에 투자했던 자금을 다시 주식으로 이동시키면 된다.

채권의 장점

- 채권은 회사가 부도가 날 것인지만 신경 쓰면 된다.

- 소액 투자가 가능하다.

- 일정한 이자를 받고, 만기에 투자한 금액을 받기에 현금흐름 예측이 가능하다.

- 채권은 걱정할 것이 전혀 없다.

채권은 안전하다

투자에서 항상 제1원칙은 돈을 잃지 않는 것이다. 그런 측면에서 채권투자는 매력적이다. 채권투자는 안전성이 높기 때문에 돈을 잃을 가능성이 거의 없다. 중간에 채권 가격의 변동에 따라서 수익을 볼 수도 약간의 손실을 볼 수도 있지만, 만기 때까지 보유하면 원금과 이자가 확실히 보장된다. 채권시장이 주식시장보다 훨씬 더 크다. 자산가들은 자신의 자산을 지키기 위해 안전한 채권에 투자하고 있다.

채권 중에서 가장 안전한 채권은 국채이다. 지방채, 특수채 등도 비교적 안전하다고 할 수 있다. 문제는 안전한 채권일수록 채권의 표면금리가 낮다는 점이다. 이를 피하고자 한다면 회사채에 투자하면 된다. 회사채는 표면금리가 높아서 국공채보다는 이자 수익이 더 높다고 할 수 있다.

매매 차익 비과세 혜택

채권은 표면금리에 대해 이자소득세 15.4%를 부과하며 중간에 채권을 싸게 사서 만기까지 보유하면 매매 차익도 올릴 수 있다. 매매 차익에 대해선 전액 비과세이기 때문에 고액 자산가들이 절세 측면에서 채권에 많이 투자하고 있다.

장기채권의 단점

1, 3, 5, 10년 만기 채권에 동일하게 분산 투자해서 시세 변동의 위험을 최대한 줄이도록 노력해야 한다. 단기채는 만기가 1년 정도인 채권을 말하고, 중기채는 만기가 2년~5년 정도 되는 채권을 말한다. 장기채는 만기가 5년 이상인 채권을 의미한다. 금리 변동이 심할 때는 단기채권이 대처하기가 쉽다. 장기채권이 수익률은 높지만 유동성 확보가 어렵기 때문에 이를 보완하는 측면에서 단기채권을 함께 보유할 필요가 있다.

단기채권은 채권 가격이 중간에 떨어졌다 하더라도 만기까지 보유해서 원금과 이자를 모두 회수하면 손실이 발생하지 않는다. 하지만 장기채권의 경우 채권 가격이 폭락했는데 만기가 한참 남아 있다면 대처하기 어렵다. 이때 불가피하게 돈이 필요해서 파는 경우 손실을 그대로 떠안게 된다.

채권형 ETF와 직접 투자의 장점

채권형 ETF는 현금화가 가능하다. 개별 채권은 중도에 팔기가 어렵고 장외 상품의 특성상 비용도 크다. 채권형 ETF는 주식시장에서 거래돼서 간편하게 매도가 가능하고, 주식 거래 수수료만 내면 된다.

다양한 만기 채권으로 구성되어 있어 투자 목적에 맞춰 자유롭게 포트폴리오를 구성할수 있다. 최근 가격이 많이 하락한 장기채권 ETF를 적립식으로 투자하면 두 자릿수의 수익률을 기대할 수도 있다. 달러 강세를 예상하면 달러채권 ETF를 매수해 이자와 환차익을 노려볼 수 있다.

초보자들은 ETF에 투자하라

주식 거래는 상장 주식을 많이 거래하지만 채권은 반대다. 장외채권 중심이고 장내 채권은 국고채 등 일부만 있다. 예컨대 한국전력의 경우 매주 채권을 발행하고 만기나 금리가 다 다르다. 개인이 채권 투자하기에는 까다로운 측면이 있어 초보자들은 채권형 ETF에 투자를 권한다.

직접 투자의 장점에 주목하라

개별 채권에 직접 투자하면 매매 차익에 대해 비과세이지만, 채권 ETF는 매매 차익에 대해 배당소득세 15.4%가 과세된다. 또한 채권 ETF는 운용보수가 있고, 이자소득에 대해서는 개별 채권과 채권 ETF 모두 이자소득세 15.4%가 부과된다.

개별 채권에 있어서는 중간에 발생하는 매매 차익에 대해서 비과세라는 것이 큰 장점이지만 향후 과세가 될 예정이다. 개별 채권은 중간에 가격이 하락 시 팔지 않고 만기 때까지 갖고 있으면 원금과 이자를 챙길 수 있다. 하지만 ETF는 만기가 존재하지 않기 때문에 만기까지 버티는 것이 가능하지 않다. 따라서 채권은 ETF보다는 직접 투자가 바람직하다.

채권 투자하는 방법

채권 투자 전략

- 만기 시까지 보유하는 경우 표면금리가 높은 채권에 투자한다.

- 채권을 중도에 파는 경우 채권 가격이 크게 오를 때 매도한다.

- 표면금리가 높으면서 망하지 않을 회사의 채권을 선택해서 투자한다.

- 채권투자 시에는 거시경제의 변화를 잘 읽는 것이 중요하다.(Top-down 방식)

* 주식의 경우에는 거시경제보다는 개별 기업의 내재가치와 경쟁력을 파악하는 것이 더 중요하다.(Bottom-up 방식)

투자적격의 회사채를 노려라

투자적격등급의 회사채에 투자하는 것을 추천한다. 회사채를 발행한 회사가 망하면 돈을 날릴 수 있다. 따라서 회사가 망할 가능성이 있는지를 잘 파악해야 한다. 망하지 않을 회사에 투자하면 적정한 이자 수익을 충분히 챙길 수 있다.

금리가 오르면 채권 가격은 내려간다. 금리가 내리면 채권 가격은 올라간다. 금리와 채권 가격은 반대로 움직인다고 보면 된다. 채권금리가 오르면 이자 수익이 높아져서 향후 채권금리가 하락하는 경우 매매 차익도 챙길 수 있어 일거양득이다. 채권으로 얻을 수 있는 수익은 채권 이자와 시세 차익 두 가지로 구성된다.

과거에는 채권을 큰 단위로 팔았기 때문에 일반인이 접근하기가 어려웠다. 그래서 주로 고액 자산가나 기관투자자가 채권에 투자했다. 요즘은 1,000원 단위로 증권사에서 구매할 수 있어 일반인도 쉽게 채권에 투자할 수 있다. 채권은 예금 다음으로 안전한 투자처이며, 채권을 싸게 사는 경우 표면이자 외에 매매 차익도 올릴 수 있다.

회사채를 사는 방법

회사채는 회사가 부도가 나면 원금과 이자를 받을 수 없다. 회사채는 회사가 망하지 않을 가능성이 높은 투자등급 BBB+ 이상을 매수한다. 증권회사에서 채권도 사고판다.(장내 채권) 주식은 모두 장내 거래이지만 채권은 장외 거래가 더 많다. 채권은 만기가 있다 보니 모두 상장하기가 어렵다. 따라서 대표적인 것만 상장해서 거래한다. 채권은 큰 단위로 발행하기 때문에 증권회사에서 이를 사서 개인에게 10만 원 단위로 쪼개 판다. ETF로도 살 수 있다. 그리고 세계적으로 신뢰받는 미국 국채에도 관심을 갖자.

회사채를 구입하는 데 있어 가장 중요한 것은 망하지 않을 회사를 고르는 일이다. 회사가 크고 튼튼한데도 불구하고 등급이 낮은 경우도 많다. 이러한 회사의 채권은 표면금리가 꽤 높다. 예·적금보다는 훨씬 높은 이자 수익을 거둘 수 있기 때문에 회사가 크고 안정적인 회사를 잘 골라서 채권을 매수하면 상당한 수익을 안정적으로 올리게 된다.

종류별 매수 시점

단기채: 금리가 인상하는 때보다는 금리가 하락할 때 사는 것이 좋다.

중기채: 금리 하락이 예상될 때 사는 것이 좋다.

장기채: 경제가 저성장 기조로 갈 것인지, 위기가 올 것인지 전체적인 나라의 경제구조를 파악해서 매매를 결정해야 한다.

채권투자 시 유의사항

채권에 투자 시 거래량이 적을 경우 매수와 매도가 어려울 수가 있다. 특히 회사채의 경우 거래단위가 적으면 매매가 힘들다. 그에 반하여 채권 ETF는 유동성공급자(LP)가 물량

공급을 해주기 때문에 그나마 매매가 용이하다. 하지만 개별 채권이든 채권 ETF이든 간에 너무 거래물량이 적으면 매매하기가 힘들기 때문에 피하는 것이 좋다.

하이일드 채권펀드(High Yield Fund)

신용등급이 낮은 투자부적격등급(투기등급) 채권에 투자하는 펀드를 말한다. 고위험 고수익을 추구하는 펀드라고 할 수 있다. 부도 위험이 높은 만큼 채권수익률이 높다. 주로 투기등급채권 및 B+ 이하 기업어음(CP)에 투자자산의 50% 이상을 투자하는 펀드다. 경기가 침체되면 하이일드채권의 금리가 인상하게 된다. 싼 금리로는 부실기업이 돈 구하기가 어려워지면서 금리를 높게 올려 채권을 발행하게 된다.

하이일드 채권의 금리가 상승하면 기업의 부도 위험이 높아지고 있기 때문에 주식에서 채권으로 이동하는 것이 좋다. 하이일드 스프레드가 벌어지면 불황이 오고 있다는 징조다. 하이일드 채권은 경기가 회복되는 시점에 투자하는 것이 좋다. 선진국 국채보다 신흥국 국채가 금리가 높고, 국공채보다 회사채 금리가 더 높다.

 * 하이일드 채권 스프레드: 하이일드 채권 수익률과 안전자산인 국채 수익률의 차이

 * 신용 스프레드: 국채와 회사채에서 금리의 차이

한국과 미국 중 어느 채권이 좋을까?

미국 국채

미국 국채는 무위험 자산이다. OECD경기선행지수가 하락하는 등 경기 전망이 악화될 때 미국 국채가격은 상승한다. 다시 말해서 불황에는 달러 강세(한국 수출 부진 시기)와 국채가격 상승이 동반되면서 서로 연결되기 때문이다. 미국 국채 투자 시에는 달러 환율을 유의해야 한다. 환율에 따른 환차익과 환차손이 발생하기 때문이다.

* OECD경기선행지수(OECD Composite Leading Indicator): OECD에서 6개월 뒤의 세계 경기 흐름을 예측하는 지수

미국 재무부에서 발행하는 '미국 재무부채권'을 말한다. 재무부가 아닌 곳에서 발행하는 경우 '미국 공채'라고 말한다. 미국 국채는 달러 인쇄와 재정 수입을 위해 발행하고 있다.

1) 단기국채(T-Bills, Treasury Bills)

만기 1년 미만의 국채를 말한다. 이자(쿠폰)가 없는 할인채(Zero Coupon Bond)이다. 미국 기준금리를 조절할 때 사용하는 것이 T-Bills이며 많은 미국 은행들이 안전자산의 형태로 T-Bills를 보유하고 있다. 액면가는 최소 1만 달러이다.

2) 중기국채(T-Notes, Treasury Notes)

만기 1년~10년 미만의 국채를 말하며 6개월에 한 번씩 쿠폰을 지급한다. 1년물이 거래량이 제일 많으며 3년물, 5년물이 그 뒤를 잇고 있다. 외국 중앙은행들은 주로 2년물이나 3년물에 몰리고 있다.

3) 장기국채(T-Bonds, Treasury Bonds)

만기 10년 이상의 국채를 말하며 6개월에 한 번씩 이자를 지급한다. 주로 보험사들이 연금이나 보험금 지급용으로 사용한다. 액면가는 최소 10만 달러이다.

4) 물가연동국채(TIPS, Treasury Inflation-Protected Securities)

인플레이션으로 인한 가치 하락을 막기 위해 도입한 채권이다. 1년에 한 번 소비자물가지수(CPI)에 맞춰 액면가를 조정해서 이에 따른 쿠폰 지급액이 달라진다.

한국 국채시장이 미국 국채시장보다 매력적인 이유

한국은 선진국처럼 신용등급이 높은 편이고, 신흥국처럼 금리가 높기 때문에 두 개의 특성을 모두 겸비하고 있다. 미국보다 금리가 더 떨어지기 때문에 수익이 더 커서 매력적이다. 한국은 정부가 수급 상황을 적정하게 관리하고 있어 유동성이 좋다. 또한 스프레드가 적어 적정가격에 팔 수 있다.

미국은 금리가 많이 내려가지 않는 반면 한국은 부동산 비중이 너무 커서 금리가 높으면 부동산 주체들이 어려움에 빠지게 된다. 그러므로 금리를 더 내릴 수밖에 없다. 미국은 경기 침체가 와도 금리를 얼마든지 끌어올릴 수 있지만 한국은 그렇지 못하다.

한국 주식과 미국 국채를 동시 투자 시

가격 변화가 반대이고 우상향하는 자산은 최고의 분산투자 대상이 된다. 매년 100만 원을 50대 50의 비중으로 미국 국채와 한국 주식에 투자한 경우와 자금을 집행할 때 리밸런싱(새로운 돈을 투자할 때 미국 국채와 한국 주식의 비중을 다시 50대 50으로 조정)한 것을 비교하면 후자의 성과가 훨씬 우수하다.

한눈에 보는 채권 용어 정리

	설명
국채	국가가 발행하며 국고채, 외화표시 외채, 국민주택채권, 재정증권 등 다양하다.
국고채	국가가 공공목적을 위해 발행하는 채권이다. 국채의 한 종류이며 국정운영의 재원을 조달하기 위해 발행한다. 국고채와 물가연동국고채로 나눠진다. 국가가 보증하며 3년 만기 국고채는 장기금리의 흐름을 보여주는 대표적인 경제지표가 된다.
국민주택채권	국민주택건설을 위해 발행
외평채	환율을 안정시키기 위해 발행
통안채	시중의 통화 안정을 위해 한국은행이 발행
외채	국내 기업이 외국에서 외국인들에게 채권 발행
물가연동채	물가에 연동해서 금리가 정해지는 채권(인플레이션 헤지 가능)
여전채	여신전문채권(카드사, 캐피탈사 채권)
첨가소화채	등기, 인허가, 면허, 아파트 구입 시 강제로 첨가해서 파는 채권(국민주택채권, 도시철도채권, 지역개발채권 등)
전환사채(CB, Convertible Bond)	저렴하게 주식으로 전환할 수 있는 권리를 부여받는 채권. 만약 주가가 폭락하면 전환권을 포기하고 원금을 회수함.
교환사채(EB, Exchangeable Bond)	사채권자의 의사에 따라 회사가 보유한 다른 회사의 주식과 교환할 수 있는 사채
환매조건부채권(RP, Repurchase agreement)	금융기관이 다시 매입하는 조건으로 발행하는 채권
신주인수권부사채(BW, Bond with Warrant)	신주를 인수할 수 있는 권한을 가진 사채
보증채	채권 발행자가 망했을 때 은행 등에서 보증해 주는 채권
표면금리(쿠폰금리)	채권이 발행될 때 만기 때까지 고정된 금리
채권금리	채권을 중간에 사고팔 때 적용되는 금리(가격에 따라 금리 변동)
듀레이션	투자금의 회수 기간
장내채권	한국거래소에서 거래되는 채권. 종류가 너무 많아 초보자가 접근하기가 어렵다.
장외채권	특정 증권사가 판매하는 채권. 증권사가 보유한 채권을 거래하는데 장내채권보다 가격이 조금 비싸다. 장외채권시장이 거래량이 더 크다.
부실채권(NPL, Non-Performing Loan)	3개월 이상 이자를 연체한 대출 채권
인컴자산	정기적으로 들어오는 이자나 배당 등의 현금 흐름이 나오는 자산(채권, 배당, 리츠)
CB를 주식으로 전환	CB 전환 시기를 앞두고 고의로 주가를 급등시켜서 시세차익을 노리는 경우가 많다. 호재성 뉴스를 쏟아내면서 주가가 급등하기 시작하면 주식을 내다 팔아 큰 차익을 챙기는 것이다. 그리고 얼마 후 주가는 폭락하게 된다.
CB 리픽싱(Refixing)	CB를 주식으로 전환할 때 주가가 많이 떨어지면 전환가격을 하향 조정을 해주는 것을 말한다.

11.

연금과 보험은
왜 필요한가?

노후에 가장 중요한 연금을 미리 준비하자

노후에 가장 필요한 것은 현금 흐름이다

은퇴해서 가장 부러운 사람은 매달 연금이 풍족하게 나오는 사람이다. 노후에는 연금이든, 배당이든, 월세든 간에 매달 현금이 충분히 나오도록 해야 걱정이 없다. 노후에 가장 중요한 것이 현금 흐름이다. 매월 필요한 생활비가 자동으로 나오게끔 만들어 놓아야 한다. 은퇴 전까지는 자산을 불리는 데 관심을 쏟아야 하지만, 은퇴 후에는 내가 일을 안 해도 매달 충분한 생활비가 나오도록 하는 것이 중요하다.

이제 곧 있으면 100세 시대가 도래한다. 60세 이후 노후가 길어지는 시대가 오는 것이다. 노후생활에 필요한 자금을 연금과 함께 투자로 준비해야 한다. 임대소득만으로 노후생활을 준비하는 시대는 지났다. 노후생활 자금을 마련하는 가장 좋은 방법은 연금과 함께 자산을 직접 투자해서 수익을 얻는 것이다.

현금 흐름을 만드는 방법으로는 각종 연금(국민연금, 퇴직연금, 개인연금, 주택연금 등)을 포함하여 주식 배당금, 임대 수익, 채권이자 등이 있다. 자신이 한 달에 500만 원의 생활비가 필요하다면 거기에 맞춰서 미리 현금 흐름을 준비해야 한다. 매달 500만 원 이상의 현금 흐름을 만들어내기 위해 지금부터 계획을 수립해서 준비해야 한다. 젊었을 때부터 국민연금과 퇴직연금은 꼭 가입하자. 그리고 주식에 투자하여 배당금이 나오도록 한다.

부동산에 투자하여 월세를 받는 방법도 있다. 하지만 세입자 관리에 신경을 많이 써야 하고 공실이 생기는 경우 수입이 끊길 수도 있다. 부동산을 유지 관리하는 데도 비용이 꽤 들어간다. 간편한 부동산 투자로는 리츠에 투자하는 방법이 있다. 리츠는 부동산 임대 수익 등을 배당으로 받는다. 리츠는 부동산에 대해 신경을 쓸 필요가 없다. 또한 고배당주에 투자하는 것도 좋다. 역시 알아서 통장으로 배당금이 척척 입금되니 그야말로 금상첨화다.

연금은 나를 지켜주는 파수꾼이다

젊었을 때는 연금의 중요성을 잘 모른다. 그러나 60대에 들어서면 연금이 얼마나 나에게 든든한 삶의 동반자인지를 알게 된다. 노후에는 우선 충분한 연금이 나오도록 해야 한다. 노후에는 다른 어떤 재산보다도 연금이 가장 중요하다. 연금은 어느 누가 빼앗아 가지 못하기 때문이다. 부동산이나 기타 자산은 남으로부터 사기를 당하거나 남에게 빼앗길 수 있지만, 연금은 어떤 사람도 빼앗아 갈 수 없다. 연금은 오로지 나를 위해 죽을 때까지 내 곁에서 나를 지켜주는 든든한 파수꾼이자 보호자 역할을 한다.

연금은 가족 사랑의 원천이다

연금을 많이 타면 가족들로부터 관심과 사랑을 듬뿍 받는다. 자녀들로부터 효도도 기대할 수 있다. 오래오래 건강하게 살기를 가족들은 염원한다. 부모님의 연금이 두둑하기 때문이다. 노후에 자식들의 사랑이 걱정된다면 연금을 많이 나오도록 준비를 해둘 필요가 있다. 한 달에 500만 원, 천만 원 혹은 그 이상 현금이 나올 수 있도록 준비하자. 많은 연금은 은퇴자에도 좋고 가족들에게도 좋다.

장수의 비결은 연금이다

재산이 많으면 자녀들은 부모가 빨리 죽기를 바란다. 물론 자녀 교육을 잘한 부모들의 자녀들은 그렇지 않겠지만 대부분 가정에서는 그렇다. 자녀들이 부모의 재산을 빼앗기 위해 혹은 친지 혹은 지인들이 나의 재산을 노리고 범죄를 저지르는 경우를 볼 수 있다. 재산을 많이 갖고 있으면 장수하기가 어렵다. 제가 아는 분의 부모님은 자산관리를 집안 친

척에게 맡기고 해외로 나가 장기 체류하였다. 나중에 귀국해 보니 친척이 모든 재산을 빼돌렸다는 것을 알게 되었다. 그러한 사실을 알게 된 그분은 화병으로 일찍 돌아가셨다.

연금이 많으면 노후 걱정 끝

연금이 많이 나오면 병원비 걱정도 할 필요가 없다. 건강하면 건강해서 좋고 아파도 병원비 걱정이 없으니 가족들에게 폐가 되지 않는다. 매달 연금으로 충분한 돈이 나온다면 내가 거처할 수 있는 적당한 집만 하나 있으면 된다. 연금은 도둑이나 강도, 사기꾼 혹은 주변 사람들로부터 안전하다. 그러나 다른 재산은 언제 어떻게 없어질지 아무도 모른다. 아무리 부동산이 많고 각종 재산이 많아도 어느 한순간에 다른 사람의 유혹에 넘어가 나의 전 재산이 날아갈지 모른다.

연금저축 및 퇴직연금이 좋은 이유

매년 13.2%~16.5% 세액공제 혜택을 받는다. 연금저축은 최대 600만 원이고 퇴직연금은 연금저축을 포함하여 최대 900만 원까지 세액공제 혜택을 받을 수 있다.

국민연금과 주택연금은 내 인생의 영원한 동반자

국민연금(노령연금)

국민연금을 다른 말로 '노령연금'이라고도 말한다. 직업이 없더라도 국민연금은 가입하는 것이 좋다. 그 이유는 가성비가 최고로 좋기 때문이다. 정부가 운영하는 공적연금제도인 국민연금은 월 소득액을 기준으로 사업자가 4.5%, 근로자가 4.5%를 부담해 납입한다. 대상은 만 18세 이상 60세 미만 국내 거주 국민이 대상이다. 주부도 국민연금에 가입할 수 있다.

30세에 국민연금을 가입하여 매달 9만 원씩 60세까지 납부하면, 죽을 때까지 매월 50만 원씩 연금을 수령할 수 있다. 국민연금은 우리나라 사회보장제도의 한 축으로 개인의 안정된 노후생활에 큰 기여를 하고 있다. 국민연금의 고갈을 걱정해서 가입을 안 하는 것은 어리석은 짓이다. 국가가 망한다면 모를까 국가가 보증하기 때문에 국민연금은 안심하고 가입해도 좋다. 국민연금은 인플레이션을 보전해 주니 더욱 좋다.

기초연금

기초연금은 만 65세 이상이고 소득인정액이 단독가구는 월 213만 원, 부부가구는 월 340만 원 이하인 사람에게 최대 월 33만 원(부부 월 53만 원)을 국가가 지급해 준다. 만 65세 되기 한 달 전에 전국 읍, 면, 동 주민센터에서 신청할 수 있다.

공적연금연계제도 완화

2022년 3월부터 국민연금과 특수직연금(군인연금, 사학연금, 별정우체국연금) 납입 기

간을 합산하여 연금을 수령할 수 있다.(연금은 10년 이상 납입해야 함)

주택연금

역시 인플레이션을 보전해 주기 때문에 가입을 고려할 만하다. 주택연금은 공시가 12억 원(시가 17억 원) 이하 주택에 해당한다. 주택연금은 주택의 명의자가 만 55세 이상이며 1주택자인 사람이 가입할 수 있다. 주택가격이 동일한 경우 연령이 높을수록 월지급액이 많아지며, 연령이 낮을수록 적어진다. 연금 수령자가 모두 사망했을 경우 주택금융공사가 그 주택을 매각하여 지급했던 돈을 회수한다. 이때 집값 하락으로 원금 전액 회수가 되지 않더라도 부족분을 자녀에게 청구하지 않는다. 반대로 집값의 상승으로 매매가가 원금을 초과하면 초과된 금액은 자녀에게 상속된다.

자녀가 어릴 때부터 부모의 생각을 자녀에게 말해줘야 한다. '20세 이후부터는 경제적으로 자립해야 한다'고 부모는 자녀에게 가르쳐야 한다. 그래야 부모의 재산을 탐하지 않게 된다. 중학교 때부터 자녀에게 경제, 금융 교육을 시키고, 자녀가 사회에 나가서 부모의 도움 없이 혼자서 살아갈 수 있는 능력을 키워주는 것이 필요하다. 부모가 대학 학비는 지원하지만 나머지는 자녀가 스스로 해결하도록 가르친다. 부모 재산은 기대하지 말라고 중학교 때부터 가르치면 자녀는 부모의 말을 자연스럽게 받아들이게 된다.

부모가 두둑하게 연금을 타게 되면, 가족관계가 화기애애하고 좋아진다. 부모는 자식에게 의존하지 않아도 된다. 부모는 자녀를 위해 돈을 마음껏 쓰고 가끔 용돈도 주면, 부모 자식 간에 관계가 엄청 좋아진다. 자산이 너무 많은 경우는 미리 자녀에게 일정 부분을 생존에 증여해 주자. 죽을 때까지 부모가 너무 돈을 움켜쥐고 있으면 자녀가 불만만 가득하게 된다.

우대형 주택연금

일반 주택연금보다 월 지급금을 20% 더 지급한다. 시세 2억 5천만 원 미만이고 1주택자이면서 부부 중 1명이 기초연금 수급자인 경우 가입할 수 있다.(2024년 상반기 시행 예정)

것이다.

확정급여형(DB, Defined Benefit)

퇴직금 운용을 회사가 책임진다. 임금이 꾸준히 오르는 회사라면 DB형이 좋다. 보통 원리금 보장상품에 넣어두고 있다. 퇴직 직전 3개월 평균 급여에 근속연수를 곱한 금액을 퇴직금으로 정한다. 근로자는 퇴직금에 대해 전혀 신경 쓸 필요가 없다. 확정된 퇴직금만 수령하면 되기 때문이다. DB형은 임금상승이 높고 장기근속이 가능한 근로자에게 유리한 제도다.

확정기여형(DC, Defined Contribution)

근로자가 직접 운용하는 퇴직금제도이다. 회사가 매년 연간 임금총액의 12분의 1을 적립해 주면 근로자가 적립금을 운용하게 된다. 대개 원리금 보장상품에 가입하여 연 1~2% 대 낮은 수익률을 기록하고 있다. 물가상승률(3~4%)에 비해 턱없이 수익률이 낮은 편이다. 근로자들이 금융 지식 부족으로 직접 운용한다는 것은 쉽지 않다. 그래서 요즘 알아서 굴려주는 디폴트(사전운용지정제도)옵션이 대두되고 있다.

개인형 퇴직연금(IRP, Individual Retirement Pension)

IRP는 근로자, 자영업자, 소득이 있으면 누구나 가입이 가능하다. 회사에서 퇴직 후에는 DB형이든 DC형이든 모두 IRP 계좌로 옮기게 된다. 연금저축은 중도 인출이 되지만 IRP는 중도인출이 안 된다는 점을 유의해야 한다. IRP의 세액공제는 연간 900만 원까지 혜택을 받을 수 있다. 그러나 중도 해지를 하는 경우 기타소득세를 내야 한다. IRP계좌로 해외주식 ETF로 운용하면 투자 한도 1,800만 원까지 매매 차익에 대해 15.4% 세금이 붙지 않는다.(DC형도 동일) 가입 후 5년이 지나야 연금이 개시된다.

퇴직금을 연금으로 수령하면 절세 효과

1) 연금 수령 한도(1,200만 원) -> 퇴직소득세 30% 감면

2) 연금 외 수령 -> 퇴직소득세 100% 부과

중도 인출

연금저축은 중도 인출이 가능하나, IRP는 불가능하다. DB형의 경우 해지나 중도 인출은 불가능하다.

펀드 및 ETF 상품에 투자하라

가장 관심을 가져야 할 투자 상품으로는 펀드와 ETF 상품을 꼽는다. 상품을 잘 고르면 상당한 수익을 안겨다 줄 수 있다. 개인이 운용을 신경 쓰지 않아도 알아서 높은 수익률로 굴려주기 때문이다. 펀드와 ETF 상품들은 다양한 섹터가 있다. ETF 상품에는 지수 추종하는 ETF, 각종 테마 ETF, 채권 ETF, 주식, 리츠가 있으며 이들 상품에 분산 투자하기를 권한다. 국내 펀드들 중 우수한 수익률을 자랑하는 펀드가 있는 만큼 각 운용사의 상품을 잘 비교 분석할 필요가 있다.

국내주식형펀드 이외에 해외주식형펀드 가입도 추천할 만하다. 특히 미국주식펀드에 투자하면 고수익을 노릴 수 있다. 단기적으로는 변동이 있겠지만 장기적으로 보면 꾸준히 우상향을 보이고 있기 때문이다. S&P500지수는 지난 10년간 200% 이상의 수익률을 보였다.(코스피는 50%대) 장기적으로 보면 미국 주가가 한국 주가보다 더 많이 오르고 있으며 펀드도 마찬가지다.

전체적으로 주식시장이 하락할 때는 주식형 ETF도 당연히 손실을 볼 수 있다. 따라서 젊은 연령층인 경우 공격적인 투자를 하고, 은퇴 시기가 가까워지면 안전자산으로 투자

비중을 높이는 노력이 필요하다. 은퇴 시기에 가까울수록 변동성이 적은 채권이나 주가 변동이 심하지 않은 배당주에 투자 비중을 늘리는 것이 좋다.

중도 인출

연금저축은 중도 인출이 가능하나 IRP는 불가능하다. DB형의 경우 해지나 중도 인출은 불가능하며, 납입금 잔액의 50%까지 담보대출이 가능하다.

DC형/IRP 중도 인출 가능한 경우

- 무주택자가 자기 명의로 집을 살 때

- 전세자금이 필요할 때

- 병가로 6개월 이상 장기요양이 필요할 때

다양한 수령 방식

IRP 연금을 수령하는 방식은 첫째 원하는 금액을 자유롭게 인출해도 되고, 둘째 일정한 금액을 평생 인출해도 되고, 셋째 일정한 금액을 일정한 기간에 받아도 된다.

연금 수령 시 세금

1년에 연금 수령액이 1,200만 원을 넘으면 종합소득세가 과세된다는 점을 주의해야 한다. 종합소득세는 연금수령액이 연간 1,200만 원 이하면 6.6%, 1,200만 원 초과부터 4,600만 원까지는 16.5% 세금이 부과된다. 16.5%라면 연금을 납입할 때 세액공제 받은 금액을 토해내는 꼴이 된다. 이를 감안하여 적절한 한도 내에서 연금을 가입하는 것이 좋다.

보험은 나를 옆에서 보호해주는 보디가드

보험 가입 원칙

보험은 필요한 것만 적절하게 가입하자

보험은 나의 생명과 재산을 보호하기 위해 필요한 것이다. 아무리 재산이 많더라도 나의 재산을 지키기 위해서는 적절하게 보험에 가입할 필요가 있다. 나의 집, 건물, 기타 자산이 예기치 못한 사고로 한순간에 잿더미가 될 수 있기 때문이다. 보험은 우리가 살아가면서 각종 세금을 내듯이 자산을 보호하기 위해 일정 비용을 지불해야 하는 것으로 생각하면 된다. 하지만 무리하게 많은 보험을 가입할 필요는 없다.

많은 분들이 자신의 월수입에 비해 무리하게 가입하는 경우를 종종 본다. 무엇이 꼭 필요한 보험이고, 무엇이 필요하지 않은 보험인지를 잘 구분하는 지혜가 필요하다. 보험설계사의 공포 마케팅에 속아 지나치게 많은 보험을 가입하지 않도록 해야 한다. 보험은 꼭 필요한 것만 가입하고 절약된 돈을 재테크에 투자를 해야 한다. 나중에 필요한 돈은 재테크에서 불린 돈으로 충분히 감당할 수 있다.

보험은 사고나 질병에 대비하여 가입하자

보험은 뜻하지 않는 사고나 질병으로부터 나의 자산을 보존하기 위한 최소한의 방어책이라고 말할 수 있다. 살다 보면 언제 불의의 사고를 당하거나 질병을 얻게 될지 모른다. 이로 인해 예정에 없던 큰 비용이 발생하게 된다. 평소에 목돈을 마련하기가 쉽지 않으므로 이에 대비하기 위해 보험에 가입하는 것이다. 따라서 보험은 사고나 재난 및 질병을 대비하여 가입하는 것이 가장 중요하며, 그것이 보험의 존재 이유라고 볼 수 있다.

부자들은 사고나 질병에 대한 보험을 가입할 필요가 없다. 하지만 일반인들은 사고나 질병에 걸렸을 때 당장 큰돈을 지출하기가 어렵기 때문에 보험이 필요하다. 보험의 본래 목적인 불의의 사고나 질병에 대비하기 위해 필요한 보험을 보장성보험이라고 말한다. 보험은 주로 보장성보험에 가입하는 것이 바람직하다.

보험료 지출은 월수입의 10% 이하로 한다

문제는 일반인들이 지나치게 많은 보험에 가입한다는 사실이다. 암보험으로 수천만 원 이상 보험금을 탄 경우를 보고 월수입의 상당 부분을 보험에 집어넣고 있는 사람들을 종종 만난다. 자신의 월수입의 40~50%를 보험료로 내는 분도 있는데 이것은 낭비다. 우리에게 가장 필요한 보험은 실손보험이고 여유가 된다면 수술비나 질병에 관한 보험 정도 가입하면 좋다. 기타 보험은 특별한 경우가 아니면 굳이 가입할 필요는 없다고 본다.

자신의 월수입의 5~10% 정도만 보험료를 지출하는 것이 현명하다. 자신의 월 소득이 200만 원이면 10만 원에서 20만 원 정도 가입하는 것이 좋다. 300만 원이면 15만 원에서 30만 원 정도 보험료로 지출한다. 꼭 필요한 사고나 질병에 대비한 보장성보험 위주로 가입하기를 권한다. 자신의 보험료를 낸 만큼 보험금을 타는 경우가 많기 때문에 지나치게 보험을 가입할 필요는 없는 것이다.

만기까지 납입할 수 있는지 따져보고 가입하자

보험은 주로 장기간 보험료를 내야 하는 것이 많다. 보험은 중도에 해약하면 큰 손실을 보게 된다. 보험은 해약 시점에 따라서 원금의 50% 이상 손실을 보는 경우가 허다하다. 따라서 어떤 경우에도 해약하지 않고 끝까지 보험료를 낼 수 있는 한도로 가입하는 것이 중요하다.

순수보장성보험은 크게 비싸지 않다

사고나 재난에 대비하는 순수보장성보험은 보험료가 크게 비싸지 않다. 순수 위험에 대한 보장을 위해 가입하는 보험을 순수보장성보험이라고 말한다. 순수보장성보험은 만기까지 보험사고가 없으면 우리가 낸 보험료는 소멸되는 것이 특징이다. 대표적인 것이 바로 자동차보험이다. 1년 단위로 가입하는 자동차보험은 1년 동안 자동차 사고가 없으면 우리가 낸 보험료는 소멸되어 한 푼도 되돌려받지 못한다.

순수보장성보험의 보험료는 대부분 매우 저렴하다. 순수보장성보험인 주택화재보험의 보험료는 1~2만 원이고, 운전하다가 잘못되어 보상해 주는 운전자보험도 1~2만 원이다. 그리고 남에게 피해를 주었을 경우 보상해 주는 일상생활배상책임보험도 몇천 원에 불과하다. 하지만 실제로 보험료가 비싼 이유는 다양한 특약을 부가하거나 저축성보험료를 덧붙이기 때문이다. 저축성보험료는 빼고 순수 보장에 집중하여 가급적 보험료를 줄이는 것이 현명하다.

나이가 적을 때 가입하는 것이 보험료가 가장 저렴하다

여유가 된다면 한 살이라도 적을 때 가입하는 것이 보험료가 가장 저렴하다. 나이가 많을수록 보험료는 비싸진다. 보험 가입 요령은 갱신보다는 비갱신이 좋고 보장기간도 100세까지 하는 것이 제일 좋다. 보험료가 부담되면 보장 기간을 단축하여 가입하고 만기가 되면 갱신하면 된다. 그 대신 갱신하는 경우 가입 나이가 많아지기 때문에 보험료가 대폭 인상된다.

보험 종류를 알아야 돈을 절약한다

생명보험과 손해보험

생명보험은 사람의 생명과 신체에 관한 보험이다. 생명보험은 보험금이 정해져 있는 정액보험이다. 이에 반해 재산상의 손실을 보상해 주는 것이 손해보험이다. 손해보험은 실손보상이 원칙이다. 손해보험회사는 롯데손해보험, 삼성화재, 현대해상 등의 명칭을 사용하고 있다.

보장성보험과 저축성보험

보장성보험에는 사고나 질병에 대한 보장을 목적으로 하는 보험을 말한다. 보장성보험은 보장성보험과 순수보장성보험으로 나뉜다. 보장성보험은 만기환급금이 총 납입한 보험료를 초과하지 않는 보험을 말하며, 순수보장성보험은 만기 시 환급금이 매우 적거나 전혀 없는 것을 말한다.

저축성보험은 보장성보험을 제외한 나머지 보험을 말하며 여기에는 연금보험, 교육보험, 변액보험, 저축보험 등이 있다. 저축성보험이라 하더라도 약간의 보장이 포함되며 또한 보험회사의 사업비가 차감되기 때문에 은행의 저축과는 다르다는 점을 알아야 한다. 순수 저축을 원한다면 은행의 저축을 이용하는 것이 바람직하다.

인보험과 물보험

사고가 사람에 관해 생기는 보험을 인보험이라고 하고, 물건에 관해 생기는 보험을 물보험이라고 한다. 인보험 종류에는 생명보험, 상해보험, 질병보험 등이 있다. 물보험에는 자동차보험, 선박보험, 화재보험, 운송보험 등이 있다. 사람에 관한 보험인 인보험은 보험가액의 한도가 없기 때문에 중복보험이 발생하지 않는다. 반면에 물건에 관한 보험인 물보험은 보험가액이 정해져 있어 중복보험 가입이 불가능하다.

보험은 나의 형편에 맞게 가입하자

보험 가입 우선 순위

1순위: 실손보험

병원에 갔을 때 쓴 비용과 약값의 일정 부분을 보험회사에서 지급해 주는 것을 말한다. 병원비 중에서 국민건강보험공단에서 지원해 주는 돈을 '급여'라고 하고, 지원되지 않는 돈을 '비급여'라고 한다. 실손보험에서 개인이 부담하는 급여와 비급여의 일정 부분을 지급한다.

2순위: 수술비/진단비(암뇌심)보험

두 번째로 중요한 것이 수술비와 진단비를 지급하는 보험에 가입하는 것이다. 이 중에서 먼저 가입해야 할 것은 수술비 보험이고, 여유가 된다면 추가로 진단비 보험도 가입하면 좋다. 병원비 중에서 수술비만 따로 보상해 주는 보험이 있다. 보험회사마다 수술비 상품이 많이 나와 있으니 비교해 보고 보험료가 저렴하고, 보장범위가 넓고, 보장 기간이 긴 상품을 선택하면 된다.

암에 걸렸을 경우 지급해주는 암보험 진단비를 가입하는 것이 좋다. 암보험에는 일반암과 유사암으로 나눌 수 있는데 둘 다 가입하는 것이 낫다. 뇌에 관한 질병은 뇌혈관질환이 가장 보장범위가 넓어서 뇌출혈, 뇌졸중 등을 모두 보상해 준다. 심장질환에는 허혈성심장질환이 가장 보장범위가 넓어 심근경색, 협심증 등을 모두 보상해 준다. 보험료가 비싸지만 보장범위가 폭넓은 것을 선택하는 것이 좋다.

암보험의 경우 보험금액이 크면 좋겠지만 대략 3~5천만 원 정도면 적당하다고 본다. 보험금액을 많이 타기 위해 무리해서 많은 보험료를 낼 필요는 없다. 적정한 보험료로 적정하게 보상받고 남는 돈을 재테크에 투자하는 것이 더 효율적이다.

3순위: 상해보험

불의의 사고로 다쳤을 경우 보상이 나온다. 상해보험은 비교적 보험료가 저렴한 편이다.

4순위: 간병보험

앞으로 장수시대가 되어감에 따라 간병보험이 매우 중요하게 되었다. 자식들이 부모님의 간병을 위해서 일을 중단하고 간병을 한다는 것은 매우 힘들 것이다. 따라서 이러한 사태를 미연에 방지하기 위해 간병보험을 가입해서 신속하게 자식을 대신해서 간병 서비스를 받도록 하는 것이 좋다.

나이별 보험 상품 추천

30세 이하: 실손보험, 어린이보험

31~40세: 실손보험, 수술비/진단비보험

41~60세: 실손보험, 수술비/진단비보험, 간병보험

61세 이상: 실손보험, 수술비/진단비보험, 간병보험, 즉시연금보험

개인 자산 크기별 보험 상품 추천

10억 이하: 실손보험, 수술비/진단비보험

30억 이하: 실손보험, 수술비/진단비보험, 간병보험

60억 이하: 간병보험, 종신보험(상속세 대비), 달러변액연금보험

60억 초과: 종신보험(상속세 대비), 달러변액연금보험, 즉시연금보험

보장성 보험료 세액공제

보장성 보험료 세액공제 한도 연 100만 원 공제율 12%

장애인전용 보장성 보험료 세액공제 한도 연 100만 원 공제율 15%

주요 보험 상품의 특징을 파악하자

어린이보험

성인보험료보다 20% 정도 저렴하기 때문에 가입을 하는 것이 좋다. 보험 가입 상한 연령은 30세까지다. 암/뇌/심을 비롯하여 다양한 질병을 담보로 구성되어 있다. 보장 기간이 100세 상품도 있다. 나이가 들어서 가입하는 것보다 30세 전에 보험료가 저렴한 어린이보험에 가입하여 각종 질병에 대비하는 것이 현명하다. 보장은 100세까지 하고 수술비와 진단비 위주로 가입하기를 추천드린다.

사망 시 보험금을 지급해 주는 보험

종신보험

피보험자가 사망하면 보험금을 100% 지급하는 보장성보험이다. 상속세를 위해 만들어진 보험이다. 종신보험은 상속세를 대비하거나 혹은 가족에게 돈을 남겨주기 위해 가입한다. 이자소득세 비과세 혜택을 볼 수 있다. 중간에 해약 시 큰 손실을 보게 되므로 보험료를 끝까지 완납할 수 있는 부담이 안 되는 금액으로 가입하는 것이 중요하다.

정기보험

일정 기간 내에 피보험자가 사망하면 보험금을 지급하는 보험이다. 일반적으로 자녀가 성인이될 때까지 가입하는 경우가 많다.

부동산은 자녀들이 분할하기가 쉽지 않기 때문에 일정 부분 현금으로 상속하는 것이 좋다. 현금 분할로 손쉽게 이용되는 것이 바로 종신보험이다. 종신보험은 사망시점에 지급하기 때문에 상속에 많이 이용된다. 이때 자녀 명의로 계약하고 피보험자를 부모님으로 하면 보험금 수령 시 세금을 물지 않는다. 상속세를 납부하기 위해서는 현금이 필요한데 이것을 만족시켜 주는 것이 종신보험이라고 할 수 있다. 만약에 상속세가 준비가 되어 있지 않다면 무리하게 건물을 헐값에 처분해야 하는 불상사가 초래된다. 상속세는 미리 준비하는 것이 바람직하다.

즉시연금보험

목돈을 예치하고 다음 달부터 연금을 받는 것을 말한다. 60세 이후 목돈을 납부하고 종신토록 연금을 받는 보험이다. 자산이 100억이면 10억 정도 즉시연금보험을 가입하여 매달 현금흐름이 나오도록 하는 것이다. 자산을 한군데 몰빵하기보다는 적절하게 분산하여 안정적인 운영을 하는 것이 중요하다. 아무리 부동산의 수익이 좋다고 해도 미래는 어떤 일로 해서 부동산이 잘못될 수도 있다는 사실을 알아야 한다. 따라서 부동산, 주식, 연금보험, 기타 자산으로 포트폴리오를 구성하여 어떠한 일이 발생해도 안정적으로 자산을 지킬 수 있도록 해야 한다.

실손보험

최근에 나온 제4세대 실손보험은 가입자의 의료 이용 건수에 따라 보험료가 차등 적용된다.

비급여(특약)가 분리되어 연간 비급여 지급보험금이 '0'인 경우 다음 해 특약 보험료가 5% 할인된다. 연간 비급여 보험금이 300만 원 이상이면 보험료가 300% 할증 된다. 병원을 많이 이용하면 보험료가 급증한다. 자기부담률은 급여 20%, 비급여 30%다. 재가입 주기는 1~3세대는 15년인데 반해 4세대는 5년이다. 보험료 할증은 누적이 아닌 1년마다 초기화된다. 보장범위가 1~3세대에 비해 축소된다. 병원에 자주 가지 않는다면 1세대에 비해 4세대 보험료가 70% 저렴하기 때문에 4세대로 바꾸는 것이 유리하다.

실손보험 세대별 비교

구분	판매시기	자기 부담률	갱신주기	4세대 보험료와 비교
1세대	2009년 9월 이전	0%	15년	보험료가 70% 더 비싸다.
2세대	2009년 10월 ~ 2017년 3월	급여 10%, 비급여 20%	15년	보험료가 50% 더 비싸다.
3세대	2017년 4월 ~ 2021년 6월	급여 20%, 비급여 30%	15년	보험료가 10% 더 비싸다.
4세대	2021년 7월 ~	급여 20%, 비급여 30%	5년	보험료가 저렴하다. 할인·할증 제도 도입

보험 비과세

보험사의 연금이나 저축성 상품에 5년 이상 납입하고 10년 이상 유지하는 경우 월납보험료 150만 원까지 비과세이다. 목돈 예치 시 1인당 1억 원까지 비과세이다. 노후에 연금을 수령할 때 금융소득종합과세와 건강보험료 부과 대상에서 제외된다.

종신보험 비과세

종신보험은 비과세 한도가 없으며, 활동 시기에는 보장을 받고 노후에는 중도 인출이나 연금 등으로 전환할 수 있다.

한눈에 보는 보험 용어 정리

용어	설명
계약자	보험계약을 체결하고 보험료를 납부하는 사람을 말한다.
피보험자	보험의 대상이 되는 사람을 말한다. 피보험자에게 보험 사고가 났을 때 보험금이 지급된다. 또한 보험 사고 시 보험금을 청구할 권리가 있다.
보험 사고	보험회사가 보험금을 지급하기로 약속한 사고
보험수익자	보험금을 청구하여 받을 수 있는 사람을 말한다.
납입 기간	보험료는 내는 기간을 말한다. 납입 기간과 보험 기간은 항상 일치하지 않는다.
보험 기간	보장을 받는 기간을 말한다.
주계약	주된 계약을 말한다. 보험계약에 있어 기본이 되는 계약
특약	특별약관의 줄임말. 보장을 확장하기 위해 주계약에 덧붙이는 것
갱신보험	보험 가입 후 일정 기간이 지나면 나이에 맞게 위험률을 조정하고, 보험료를 다시 산정해서 보험을 갱신하게 된다. 이때 보험료가 인상된다.
비갱신보험	납입 기간이 끝날 때까지 중도에 보험료가 변하지 않는 보험을 말한다.
변액보험	보험료를 주식, 채권 등에 투자하여 발생한 이익을 배분해 주는 보험으로 보험금과 해지환급금이 자산운용실적에 따라 변동하는 보험이다. 수익성을 추구하는 보험이다.
저해지환급형보험	중도에 해지 시 환급금을 줄인 보험. 그 대신 보험료가 일반보험보다 저렴하다.
무해지환급형보험	중도에 해지 시 환급금이 전혀 없다. 보험료가 가장 저렴하다.
유니버셜보험	보험료 추가 납입, 중도 인출이 가능한 보험이다.
암(악성종양)	피막이 없어 빠르게 주위 조직에 침윤하면서 성장하고 확산한다. 재발 및 전이가 잘되고 발견이 어렵다.
혹(양성종양)	종양을 싸고 있는 피막이 존재하며 천천히 성장하고 전이가 잘되지 않는다.
낭종	안에 물이 차 있는 혹
용종	세포가 자란 것
지방종	지방 덩어리
혈관종	혈관 조직이 뭉친 것
C코드	진단서에 C코드가 기재되어야 일반암 진단비가 지급되므로, 의사에게 C코드로 기재가 가능한지 알아본다.
D코드	양성 혹은 경계성 종양. 일반암 진단비는 지급되지 않는다.
흡입	주사기 등으로 빨아들이는 것
천자	바늘을 꽂아 체액을 뽑거나 약물을 주입
절단	자르는 것
절제	잘라서 제거하는 것
협심증	심장관상동맥이 좁아져 심장근육에 흘러드는 혈액이 줄어들게 된다.
심근경색	심장관상동맥이 완전히 막힌 상태로 심장근육이 괴사
허혈성심장질환	혈액 공급의 장애로 일어나는 심장병
뇌출혈	뇌에 혈관이 터진 것

뇌경색	뇌에 혈관이 막힌 상태로 뇌 조직이 괴사
뇌졸중	뇌에 혈관이 막히거나 터진 상태
뇌혈관질환	뇌혈관이 터지거나 막혀서 나타나는 증상으로 뇌출혈, 뇌졸중, 뇌경색을 말한다.

12.

파생상품은
모르면 호구 된다

파생상품은 단기 투자 상품이다

파생상품(Derivatives)이란 전통적인 기초자산의 가치 변동에 따라 가격이 바뀌는 금융 상품을 말한다. 다시 말해 기초자산에서 파생된 상품이라는 의미다. 기초자산은 주식, 채권, 통화, 신용, 일반상품을 대상으로 한다. 그리고 자연 및 경제 현상 등의 위험을 수치로 평가가 가능한 경우 파생상품의 기초자산으로 할 수 있다. 또한 파생상품(옵션, 선물, 선도거래, 스왑)을 기초자산으로 하는 파생상품도 있다.

파생상품은 미래의 불확실한 가격 변동에 의한 위험을 감소시키기 위한 목적으로 만들어졌다.(헤지기능) 그리고 높은 레버리지를 사용할 수 있기 때문에 적은 돈으로 큰 수익을 노리는 투기 세력들이 뛰어들고 있다. 현재 선물과 옵션의 거래대금이 현물 주식 거래대금의 3배로 주식시장을 압도하고 있으며, 그 영향력이 매우 크다. 보통 주식에서 실패를 맛본 분들이 한 번에 손실을 만회하고자 파생상품 거래에 뛰어드는 경우가 많다. 하지만 전문가가 아니라면 파생상품 거래에 함부로 덤벼들어서는 안 된다.

파생상품은 높은 레버리지를 사용으로 인해 단번에 파산할 수도 있다. 수익이 크면 위험도 크다는 것을 인식해야 한다. 파생상품은 주로 단기 투자 상품이기 때문에 대부분 실패할 확률이 높다. 파생상품은 주로 기관들이 많이 활용하고 있다. 기관에는 각 분야의 파생상품 전문가들이 포진하고 있기 때문에 적절하게 수익을 올릴 수 있지만, 개인은 파생상품에 도전하기가 쉽지 않다. 항상 말씀드리지만 단기 투자 상품은 위험하므로 섣불리 접근해선 안 된다.

선물은 투자 대상에서 제외하라

현물거래는 일반적으로 계약과 동시에 물건과 대금을 주고받는다. 반면에 선물거래는 미래의 일정한 시기에 물건을 넘겨준다는 조건으로 미리 가격을 정해 거래하는 것이다. 선물은 농촌의 밭떼기 거래를 떠올리면 된다. 밭떼기 거래는 미리 계약금을 지불하고 나중에 수확이 되면 그때 물건과 대금을 주고받는다. 주식, 외환, 석유, 곡물, 기타 원자재 등 대부분 선물로 거래하는 것이 일반적이다.

선물은 미래의 위험성을 헤지하기 위하여 만들어졌다. 미래의 가격 변동에 의한 리스크를 회피하기 위하여 선물계약을 통해 미리 정한 가격에 미래 시점에 물건을 사거나 파는 거래를 말한다. 밭떼기 거래의 예를 들면 농부는 미래에 가격 폭락에 대한 위험성을 회피하기 위해 미리 일정한 가격에 거래할 것을 약정함으로써 안정된 수입을 기약하는 것이다. 반면에 농산물을 매수하는 입장에서는 가격이 폭등하는 위험을 회피하기 위해 미리 일정한 가격에 매입할 수 있는 약속을 받아내는 것이다.

선물거래의 위험성

선물거래는 미래 시점에 가격 변동에 대한 위험성을 낮추기 위해 만들어진 좋은 제도다. 그런데 이 선물거래를 단시간 내에 큰돈을 벌고자 하는 목적으로 변질되었다. 다시 말해 레버리지를 사용하여 적은 돈으로 큰 수익을 얻고자 하는 투기 형태로 활용되고 있는 것이다. 레버리지를 이용하여 단기간에 많은 이익을 볼 수도 있지만, 반대로 큰 손실도 볼 수 있다는 사실을 염두에 둬야 한다. 미래 가격을 예측한다는 것은 누구에게나 쉽지 않은 일이다. 만약 선물거래를 하려면 사전에 충분히 공부하여 손실을 방지할 수 있는 전략을 마련한 후 시작하는 것이 좋다.

SK그룹 최태원 회장이 선물거래로 천 억대의 손실을 본 것으로 유명하다. 선물거래에서 특히 위험성이 큰 이유는 높은 레버리지를 사용한다는 점이다. 선물거래는 대표적인 하이리스크 하이리턴(High Risk, High Return) 거래다. 선물거래에서 높은 레버리지를 사용하다가 손실이 났을 경우 엄청난 피해를 볼 수 있다. 그래서 워런 버핏은 선물을 '대량살상무기'라고 말했다. 대개 주식에서 실패한 사람들이 선물로 뛰어들어 쫄딱 망한다.

차익거래(Arbitrage Trading)

현물과 선물 간의 가격 차이를 이용해 거래하는 것을 말한다. 예컨대 높게 평가된 쪽을 매도하고 동시에 낮게 평가된 것을 매수함으로써 차익거래를 하는 것이다. 신속한 거래를 위해 컴퓨터시스템을 이용한 프로그램 매매를 하게 된다.

1) 선물시장과 현물시장 간의 차익거래

선물의 가격이 높은 경우 선물을 팔고 현물을 매수하거나 또는 선물의 가격이 싸고 현물의 가격이 비쌀 때는 선물을 매수하고 현물을 매도한다.

2) 선물시장과 다른 선물시장 간의 차익거래

선물을 거래하는 방법

선물거래는 높은 레버리지를 사용하게 된다. 예를 들어 1억 원를 거래한다면 선물거래에서는 9% 정도의 증거금만 있으면 된다. 9백만 원 정도만 갖고서 1억 원의 거래를 할 수 있는 것이다. 즉 레버리지로 11배 사용할 수 있는 것이다. 매일매일 정산을 하게 되며, 만약 가격 변동으로 증거금이 부족하면 마진콜을 통해 강제 청산하게 된다. 선물거래는 1계약 단위로 거래하는데 예를 들면 주식선물의 1계약 단위는 10주, 코스피200 지수의 1계약

단위는 25만 원, 금선물은 1kg, 달러선물은 5만 달러, 3년 국고채는 액면가 1억 원 등으로 정하는 것이다.

선물거래 만기 청산

선물거래는 만기가 존재한다. 보통 3, 6, 9, 12월 두 번째 목요일이다. 만기일이 되면 강제 청산하게 되며 보통 증권사가 이를 대신해 준다.

양방향 투자를 활용하라

양방향 투자라는 것은 주식이 상승장일 때도 수익을 올리고 하락장일 때도 수익을 올리는 것을 말한다. 기관투자자들과 외국인들은 양방향 투자를 하여 항상 돈을 벌고 있다. 특히 공매도를 이용하여 하락장에서 수익을 올리고 있다. 반면에 개미 투자자들은 공매도하기가 여의치 않다.

개인에게도 하락장에 수익을 올릴 수 있는 것이 인버스 상품이다. 하락장에서도 돈 벌 수 있다면 얼마나 해피할 것인가. 이것이 가능하다면 변동성만 계속 공급해 준다면 계속 돈을 벌 수 있다는 말이 된다. 우리가 흔히 얘기하는 우산 장수와 아이스크림 장사를 떠올리면 된다. 햇빛이 나면 아이스크림에서 돈을 벌고, 비가 오면 우산을 팔아 돈 버는 것과 같은 이치다. 날씨가 어떻든 간에 신경을 전혀 쓸 필요가 없다. 그 이유는 어떤 날씨가 되든 돈 버는 데 지장이 전혀 없기 때문이다. 마찬가지로 주식에서도 주가가 상승하든 하락하든 항상 수익을 올리게 된다.

선물거래의 장단점과 특징을 알아보자

선물에는 상품선물거래(콩, 옥수수, 감자, 곡물, 금, 은, 구리, 광물, 원유 등)와 금융선물거래(통화선물, 금리선물, 주가지수선물)가 있다.

장점

주식은 상승에서 수익을 얻는 반면에 선물은 상승과 하락에 베팅할 수 있어 양방향으로 투자를 할 수 있다. 선물은 3개월 단위로 계약한다. 3, 6, 9, 12월물로 나눈다. 선물은 3개월 만기가 되는 상품이다. 양방향으로 투자를 할 수 있기 때문에 주식에서 하락으로 인한 손실 위험에 대한 헤지수단으로 활용할 수 있다는 점이 좋은 점이다.

단점

단타 투자이기 때문에 추천하지 않는다. 단타는 항상 모니터 앞에 있어야 한다. 좋은 종목에 장기 투자하는 사람에게 굳이 선물투자를 할 이유는 없다. 선물은 레버리지를 크게 사용하는 투자이다. 상승에 투자했는데 만약 가격이 5~10%만 하락해도 반대매매 당해 투자원금을 다 날리게 된다. 그러므로 단기간에 대박을 노리고 달려들다간 투자한 돈을 다 날리게 된다. 한마디로 쪽박을 차는 지름길이다. 인생에서 가장 나쁜 것은 한순간에 대박을 노리는 것이다. 단시간에 일확천금을 꿈꾸는 것을 가장 피해야 할 일이다. 부자는 천천히 되는 것이고, 긴 시간을 투자해야 한다.

선물에 큰돈을 투자해서는 안 된다

선물을 하려면 투자한 돈을 날려도 부담이 안 되는 적은 돈으로 하는 것이 좋다. 예를 들어 100만 원을 투자하여 하루에 5~10만 원 버는 것을 목표로 하는 것이다. 물론 투자한 돈 100만 원은 언제든지 날릴 각오를 해야 한다.

어떤 자산가는 자기가 평생 번 돈을 선물에 투자했다가 한 번에 날리고 자살한 경우도 있다고 한다. 선물에서 일확천금을 노리다가 역으로 투자한 돈을 모두 날려 패가망신한다. 선물은 여유자금이 1억 원이 있다면 1천만 원 이하로 하는 것이 바람직하다.

즉 1천만 원을 증거금으로 예치하고 실제로 투자하는 돈은 100만 원으로 하는 것이다. 그럴 경우 자금이 충분하기 때문에 설사 100만 원이 없어져도 900만 원 남아 있기 때문에 반대매매를 당하지 않고 거래를 계속해서 가격이 원하는 방향으로 상승 내지 하락을 하면 이익을 취할 수 있게 된다. 소액 100만 원으로 하루에 5만 원이나 10만 원을 버는 것을 목표로 하는 것이다.

시장가격의 변동으로 인해 손실금액이 중개사에서 정한 유지증거금에 미달할 때는 증거금을 보충하라는 요구를 고객은 받게 된다. 만약 증거금을 보충하지 않으면 반대매매를 당하게 된다.(유지증거금률 6%)

양방향 투자가 가능해 위험 헤징(Hedging) 기능

선물은 주식가격이 상승에도 투자할 수 있고 하락에도 투자해서 수익을 올릴 수 있다. 주식을 현물로 보유한 경우 주식의 하락에 선물을 투자하면 주식가격의 하락에 대한 리스크를 줄이는 효과가 있다. 일종의 보험의 성격으로 선물에 투자하는 것이다. 적은 돈으로 선물에 투자하여 혹시 모를 주가 하락에 대비할 수 있다. 이러한 선물거래의 보험 성격 때문에 안심하고 현물 주식에 투자할 수 있게 된다.

* 선물은 만기가 3개월이고 옵션은 1개월이다. 선물은 레버리지가 최고 11.1배(증거금 9%)이며 옵션은 수십 배의 레버리지를 사용할 수 있다. 높은 레버리지를 사용하기 때문에 잃어도 상관없는 적은 돈으로 하는 것이 현명하다.

나라별 선물거래 및 거래 요령

코스피200 주가지수 선물거래

코스피200 주가지수에 대한 선물거래이다. 지수의 거래단위는 1계약(25만 원) 단위로 이루어진다. 결제일은 결제월의 두 번째 목요일이다.

주가지수가 200이라면

주가지수 x 계약 단위 = 투자 금액

200 x 1계약(25만 원) = 5000만 원

5,000만 원 x 증거금률 9% = 450만 원

선물투자는 증거금 9%에 해당되는 금액 450만 원만 있으면 5000만 원 투자한 것과 같다. 따라서 적은 돈으로 큰 금액을 투자한 것과 같은 효과를 낸다. 즉 레버리지가 11.1배를 사용한다고 볼 수 있다.

만약 10%의 이익이 났다면 현물 주식의 경우 5천만 원을 투자해서 500만 원의 수익을 거두게 된다. 선물의 경우 5천만 원의 9%인 450만 원을 투자하고 수익을 500만 원 거두게 되어 수익률은 111.1%가 된다. 이렇게 적은 돈으로 큰 수익을 내는 만큼 똑같이 손실도 크게 나게 된다. 선물은 도박 성격이 강하기 때문에 꼭 확신이 있는 경우에만 투자하는 것이 좋다. 투자한 돈을 순식간에 날릴 수 있어 부담이 안 되는 아주 적은 돈으로 하는 것이 바람직하다. 필자는 선물거래를 여러분에게 크게 권하고 싶지는 않다.

선물거래 과정

개시증거금: 고객이 신규로 매매거래를 위탁하는 경우 위탁금액의 15% 이상 증거금으로 징수하는 데 이것을 개시증거금이라고 말한다.

1단계 선물투자자: 3천만 원 납부

2단계 옵션투자자: 5천만 원 납부

* 사전교육 1시간, 모의 거래 3시간 이수할 것

나스닥/항생 선물거래

국내와 비교도 되지 않는 거래량을 갖고 있다. 선물거래가 롱과 숏포지션에 따라 상승장과 하락장 양방향 수익이 가능하다. 이러한 이유로 많은 투자자가 해외 선물시장으로 뛰어들고 있다. 해외선물 시장은 해외선물 개시증거금이 상당히 높게 책정되어 있어 진입이 힘들다.

나스닥 선물거래

1계약을 거래하기 위해 2,000~2,500만 원 개시증거금이 필요하다. 다수의 계약을 거래하려면 억 단위의 자본이 필요하다. 따라서 대부분 1~2계약을 운용한다. 해외선물 개시증거금이 필요한 나스닥의 경우 1,900만 원까지 지원이 가능하며 투자자는 100만 원을 가지고 계약을 거래할 수 있다.(증거금 지원서비스)

원래 2천만 원 자본을 갖고 거래하면 1계약을 거래하게 된다. 하지만 증거금 지원서비스를 이용하면 부족한 증거금 95%까지 지원해 준다.

2000만 원 x 95% = 1,900만 원(지원금)

현금 100만 원 갖고 거래 가능하며, 따라서 2천만 원 갖고 20계약을 거래할 수 있다.

각 상품 종류별 증거금 지원서비스 이용 시 1계약에 필요한 자금

오일: 50만 원   금: 50만 원   다우: 60만 원   S&P: 80만 원

항생: 80만 원   나스닥: 100만 원

유지증거금

선물을 매수 또는 매도한 후 선물평가금액이 6% 이상 유지되어야 한다. 매일 시장이 끝나면 정산하는데(일일정산제도), 선물의 평가금액이 6% 이하로 하락하면 다음 날 오전 12시까지 6%가 되도록 추가 증거금을 입금해야 한다. 입금하지 못하면 반대매매를 당한다.

옵션이란 무엇인가?

특정자산을 정해진 조건에 사거나 팔 수 있는 권리를 돈을 주고 사는 것을 말한다. 나중에 불리하다고 생각되면 권리를 포기하면 된다. 살 수 있는 권리를 콜옵션, 팔 수 있는 권리를 풋옵션이라고 한다. 주식을 일정한 가격에 매수할 수 있는 권리를 스톡옵션이라고 한다.

옵션을 매수한 사람은 이익이 되면 권리를 행사하고, 손실이 나면 권리를 포기하면 된다. 하지만 옵션을 매도한 사람은 돈을 먼저 받았기 때문에 이익은 옵션 매도금액에 한정되나 예상과 반대로 갔을 경우 손실은 무한대로 커진다.

옵션: 권리를 프리미엄을 주고 사고파는 거래

콜옵션: 미리 정한 시기에 미리 정한 가격에 살 수 있는 권리를 매매하는 것을 말한다.

콜옵션 매수자는 만기일 또는 만기일 도래하기 전에 기초자산을 미리 정한 가격에 매수할 수 있다. 가격이 올라갈 것으로 예상될 때 미리 현재 가격으로 구매하는 것을 말한다.

풋옵션: 미리 정한 시기에 미리 정한 가격에 팔 수 있는 권리. 가격이 내려갈 것으로 예상될 때 현재 가격으로 매도하는 것을 말한다.

주가지수옵션: 주가지수를 사거나 팔 수 있는 권리를 매매하는 거래(예: 코스피200 지수옵션, 코스닥50 지수옵션)

오버나이트(Over Night): 파생상품은 위험도가 높기 때문에 보통 당일 정리한다. 당일 정리하지 않고 다음 날까지 가져가는 것을 의미한다.

합성전략: 옵션을 거래하면서 선물이나 현물을 같이 거래하는 것을 말한다. 두 가지를 동시에 양

방향으로 거래를 하는 것을 말한다.

커버드콜(Covered Call): 기초자산을 보유한 상태에서 콜옵션을 매도하는 것을 말한다. 변동성이 큰 시장에서 유리하며 횡보장에서는 추가적인 수익(프리미엄)을 기대할 수 있다. 콜옵션 매도 시 콜옵션을 살 때 들어간 비용(프리미엄)을 상대방에게 전가하게 된다. 기초자산이 하락하면 기초자산만을 보유한 것보다 실적이 좋지만 반대로 기초자산이 상승하면 제한적인 수익이 발생하고 추가 상승분은 포기해야 한다. 커버드콜 주식시장에서 지수가 하락하거나 횡보 시 추가적인 수익을 올릴 수 있게 된다.

커버드콜 전략: 기초자산 매수 + 콜옵션 매도를 통한 프리미엄 수입

ATM(At The Money) 콜옵션: 현재 지수 수준과 옵션의 행사가가 유사한 상태의 콜옵션

OUM(Out Of The Money) 콜옵션: 현재 지수 수준보다 옵션의 행사가가 높은 상태의 콜옵션

판매하는 사람도 잘 모르는 파생상품들

ETN(Exchange Traded Note)

상장지수증권. 주식시장에서 쉽게 거래가 가능하다. 기초지수를 추종하는 ETF(상장지수펀드)와 유사하며, 단지 발행기업의 신용을 기반으로 한 채권형 상품이다. 증권회사가 발행하며 투자실적에 따라 손익이 결정된다. 증권회사가 파산하면 투자금을 받을 수 없다.

5종목 이상이면 구성할 수 있으며, 만기가 1~20년 이내로 되어 있다. 중간에 매매할 수도 있고 만기까지 보유해도 된다. 주식뿐만 아니라 원유, 천연가스 등 다양한 선물 상품도 투자할 수 있다. ETN 상품이 위험한 것은 레버리지 상품과 인버스 상품이 있다는 점이다. 레버리지 상품은 가격이 하락하면 크게 손실을 보게 된다. ETN 상품의 경우 언제 가격이 하락할지 모른다. 레버리지를 이용해 일확천금을 기대하다가 쪽박을 찰 수 있다.

ELW(Equity Linked Warrant)

주가워런트증권. 주식처럼 쉽게 거래가 가능한 선물 상품이다. 기초자산(개별주식, 주가지수)을 미래의 시점에 미리 정한 가격으로 사거나 팔 수 있는 권리를 갖는 증권이다. 매수할 수 있는 권리를 '콜(call) 워런트', 매도할 수 있는 권리를 '풋(put) 워런트'라고 한다.

권리를 돈을 주고 사서 이익이 나면 무한대 이익을 낼 수 있고, 손실은 권리를 사는 데든 원금을 전부 잃는 것으로 한정된다. 하지만 성공하는 사람은 극소수이고 대개 실패로 끝난다. 미래의 가격의 변화를 맞춘다는 것은 그 누구도 어렵기 때문이다.(손대지 말자!)

ELS(Equity Linked Securities)

주가연계증권. 기초자산인 개별 종목의 주가나 혹은 주가지수에 연계해서 투자수익이 결정되는 증권이다. ELS는 기초자산의 가격이 만기 때까지 40~50% 떨어지지 않으면 (최저한계가격, Knock in Barrier) 약속된 수익을 지급한다. 투자 기간 중 정한 가격에 도달하면 수익을 지급한다. 또한 만기 전에 50% 이하로 떨어지는 경우 원금 전액을 손실을 보는 형태 등 다양한 형태가 있다. 그러므로 꼼꼼히 조건을 따져보지 않으면 투자자들이 큰 손실을 보게 되는 경우가 많다. 미래의 가격 변화를 누구도 확신할 수 없기 때문이다.

물론 폭락 시에 가입하면 성공확률이 높다. 전문가들은 고점 대비 20% 이상 하락 시 가입할 것을 추천하고 있다. 특히 6개월 이내 조기 상환을 고려해서 S&P500지수를 기초자산으로 한 연 10% 상품에 관심을 가질 것을 권한다. 증권회사 파산할 경우 투자자는 원금을 날리게 된다. ELS의 기초자산으로는 지수형, 개별 종목형, 혼합형으로 나눈다.(증권사의 ELS, 은행의 ELD, 자산운용사의 ELF, 신탁회사의 ELT는 모두 비슷한 상품이다.)

ELD(Equity Linked Deposit)

주가지수연동예금. 코스피200지수에 연동된 예금이다. 정기예금 형태로 판매되며 5천만 원까지 원금이 보장된다. 보통 정기예금보다 높은 금리를 지급한다. 안정성이 높은 편이나 중도해지 시 손실이 발생할 수 있다.

ELB(Equity Linked Bond)

주가연계파생결합사채. 자산의 대부분을 안전자산인 국공채에 투자하고 일부를 위험자산인 주식이나 주가지수 등에 투자하는 원금보장형 상품이다. 발행 증권사가 망하지 않는한 원금이 보장된다. 기대 수익률은 ELS보다 낮다.

DLS(Derivative Linked Securities)

파생결합증권. 실물자산(주가, 주가지수, 금, 은, 원자재, 곡물), 이자율, 환율, 신용위험 등의 변동과 연계해 수익이 결정되는 증권으로 DLS는 기초자산이 매우 다양한 것이 그 특징이다.

DLF(Derivative Linked Fund)

파생결합증권(DLS)을 결합한 펀드로서 주가, 주가지수, 채권, 실물자산, 금리, 통화 등을 기초자산으로 하는 파생상품이다. 즉 기초자산의 변동 폭이 일정 범위 안에서만 변동할 경우 약정된 수익률을 보장한다. 반면에 설정된 변동 폭을 넘어서는 경우 원금 손실을 보는 구조다. 이 역시 미래의 어떤 일이 벌어질지 모르기 때문에 원금 손실의 위험성이 높다. 2019년 유럽금리와 연계된 금리연계파생상품이 판매되었는데, 유럽금리가 손실구간에 진입하면서 투자자들에게 큰 피해가 발생하는 상황이 초래되었다. 특히 독일 국채금리에 연동된 DLF상품은 손실률이 95%로 예측되고 있다. 미래의 상황은 어떻게 될지 그 누구도 알 수 없기 때문에 아무리 그럴듯해 보여도 투자를 피하는 것이 상책이다.

녹인 배리어(Knock-in barrier, 투자손실기준점)

기초자산가격 기준점. 원금 손실이 발생할 수 있는 기준점을 말한다. ELS에서 기초자산 가격이 기준점 이하로 하락하면 그 비율만큼 원금 손실이 발생하기 시작한다.

녹아웃 배리어(Knock-out barrier, 조기상환기준점)

수익률이 확정되어 조기 상환할 수 있는 주가 기준을 말한다.

스톡옵션(Stock Option)

주식을 일정 가격에 살 수 있는 권리로 보통 2~3년 후에 권한을 행사하게 된다.

VIX지수(Volatility Index, 변동성지수)

'공포지수'라고 말하기도 한다. S&P500지수 옵션의 향후 30일간의 변동성지수

키코(Kiko, Knock in Knock out) 사건

키코는 원금 손실이 높은 파생상품이었다. 은행에서 환헤지 상품으로 소개하면서 당시 수출 중소기업들에게 판매했다. 과거에 글로벌 금융위기 때 환율이 급등해 큰 어려움에 직면했던 중소기업들이 키코 상품에 대거 가입했다. 키코는 통화 옵션 계약으로 환율이 일정 범위 내에서 움직이면 미리 약정한 환율에 달러를 팔 수 있지만, 상한선(knock-in) 위로 올라가면 약정한 환율의 2배로 매도하고 하한선(knock-out) 밑으로 떨어지면 계약이 해지되는 조건이었다.

당시 은행에서 환율이 하락할 것으로 전망하고 판매했지만, 환율이 급격하게 오르면서 중소기업들이 엄청난 피해를 입었다. 당시 피해액만 3조 원이 넘었다. 다시 한번 강조하지만 장래에 무슨 일이 생길지 아무도 모른다. 함부로 파생상품에 가입해선 안 된다.(항상 반대되는 일이 생긴다.)

한눈에 보는 선물 용어 정리

	설명
롱포지션(공매수)	선물을 매수하는 것을 의미(현재 가격이 저렴할 때)
숏포지션	선물을 매도하는 것을 의미(현재 가격에서 미리 매도함)
롱리퀴데이션(Long Liquidation)	매수한 선물(롱포지션)을 중간에 매도하고 청산함
숏커버링	매도한 선물(숏포지션)을 중간에 다시 매수하고 청산함
선도거래(Forward)	거래소를 통하지 않고 선물거래를 하는 것
청산(Liquidation)	펀드에서 만기 전 가격이 오르면 선물매수거래계약을 팔아 수익을 실현한다. 만약 만기일까지 가격이 오르지 않으면 만기를 연장하거나 다른 선물로 갈아타게 된다.(롤오버)
롤오버(Roll Over)	펀드에서 만기일까지 예상대로 수익이 안 날 경우, 만기를 연장하거나 다른 선물로 갈아타는 것. 즉 만기가 다가온 보유 선물을 팔고 다음번 선물로 갈아타는 것을 말한다.
스프레드 거래(Spread Trading)	스프레드는 가격 차이를 의미하며 '시장 내 스프레드', '종목 간 스프레드', '시장 간 스프레드'가 있다.
롤오버 비용	1월물 만기 가격이 100원, 2월물이 110원인 경우 롤오버 비용은 10원이 된다.
롤오버 수익	1월물 만기 가격이 110원, 2월물이 100원인 경우 롤오버 수익은 10원이 된다.
콘탱고(Contango)	주식시장에서 선물지수가격이 현물가격보다 높아지는 것을 말한다. 이때 프로그램 매수가 나타날 가능성이 높으며 주식을 매수하기 좋은 때.
백워데이션(Backwardation)	선물가격이 현물가격보다 싼 경우를 말한다. 이때는 주식매수를 중지해야 한다. 롤오버 수익이 발생한다.
사이드카(Sidecar)	주가지수 선물시장에서 선물가격이 전일 종가 대비 5% 이상 변동하는 경우, 프로그램 매매를 5분간 중지시키는 것을 말한다. 1일 1회 발동한다.
스왑(Swap)	계약 조건에 따라 서로 유리하게 자금을 조달하기 위해 서로 부채를 교환하는 것을 말한다.(예: 금리스왑, 통화스왑)
CFD(Contract For Difference, 차액결제거래)	40% 증거금으로 매수, 매도 주문이 가능하며, 매수가격과 매도가격의 차액(매매차익)만 현금으로 결제하는 거래방식이다. 매수금액의 40%만 가지고 주식을 매수하기 때문에 2.5배의 효과를 나타내는 장외파생상품이다. 금융회사가 대신 거래해 주기 때문에 양도세가 없으며, 레버리지를 2.5배부터 최대 10배까지 사용이 가능하다. 외국증권회사와 국내증권사가 협업하여 진행된다. 하락이 예상 시 공매도를 할 수 있다. 레버리지를 사용하면 이익을 극대화할 수 있지만 반대로 손실도 엄청나게 커질 수 있다. CFD는 리스크가 너무 크기 때문에 100% 확신을 갖지 않는 한 하지 않는 것이 좋다.

항상 세상의 변화를 지켜보면서 미래가 어떻게 바뀌게 될지를
상상해야만 한다. 앞으로 미래는 어떤 사회가 될지를 관심을 가져야 한다.

전문가의 강연을 듣고, 신문을 읽고, 사회의 리더들이 어느 방향으로
움직이고 있는지를 눈여겨봐야 한다. 우리는 미래의 변화를 예측하여
자산의 투자 전략을 구상해야 한다.

13.

암호화폐에
관심을 갖자

블록체인과 암호화폐 시대가 도래하다

미래는 블록체인과 암호화폐의 세상이 된다. 기존의 시대가 인터넷 세상이라면 미래 시대는 제4차 산업혁명의 주역인 블록체인 세상이 될 것이다. 기존의 인터넷에 블록체인이라는 것이 추가되어 새로운 세상이 열린다. 블록체인과 함께 가는 암호화폐는 미래의 세상의 한 부분이 될 것이다. 암호화폐는 인플레이션의 헤지수단으로 활용될 수 있다.

암호화폐는 미래의 대세이지만 무턱대고 투자해선 안 된다. 그 이유는 암호화폐는 굉장히 불안정하고 변동성이 크기 때문이다. 고점에서 사면 하락 시 엄청나게 손실을 볼 수 있다는 점을 명심해야 한다. 따라서 투자자산에서 비교적 비중을 줄여서 암호화폐에 투자하는 것이 좋다. 미국 투자가이며 헤지펀드 매니저인 레이 달리오는 투자 금액의 10% 정도를 암호화폐에 투자하기를 권하고 있다. 필자도 암호화폐 투자는 5~10% 정도 투자하는 것이 좋다고 본다.

암호화폐에는 크게 비트코인(Bitcoin)과 알트코인(Alternative Coin)으로 구분된다. 암호화폐의 선두주자인 비트코인은 한정된 발행량으로 앞으로 가치가 더욱 상승할 것으로 전망되고 있다. 하지만 비트코인도 변동성이 적지 않기 때문에 가급적 저점에 가까웠을 때 투자하는 것이 좋다. 비트코인을 제외한 나머지 코인들을 알트코인이라고 부른다. 알트코인 중에서 가장 유명한 것이 이더리움이다. 이더리움을 바탕으로 코인들이 많이 만들어졌다. 이더리움은 플랫폼 코인의 역할을 하고 있다.

새로운 알트코인이 끊임없이 생겨나고 없어지고 있다. 이 세상에 알트코인의 종류가 1

만 5천여 개가 넘는 것으로 알려지고 있다. 전문가는 "알트코인 중에서 99%가 사라진다." 라고 말한다. 새로 만들어진 알트코인에 대박을 꿈꾸고 투자하지만 대부분 실패로 끝난다. 먹튀가 횡행하기 때문이다. 무조건 새로 나온 코인에 대박을 노리고 투자하는 것은 극히 조심해야 한다. 충분히 검증된 코인만 선별해서 투자하는 신중함이 필요하다. 알트코인 투자는 믿을만하고 사라지지 않을 코인을 선택해서 투자하되, 투자 금액은 총자산의 10%를 넘지 않도록 한다. 고점이라고 생각되면 하락 시까지 기다렸다가 투자하는 것이 바람직하다.

암호화폐는 향후 또 하나의 주식시장처럼 될 가능성이 있다. 따라서 어느 정도 소액이라도 유망한 암호화폐에 투자해 두는 것이 좋다. 한 군데 몰빵투자보다는 전문가들이 추천하는 코인에 선별해서 분산 투자하는 것이 좋다. 비트코인과 이더리움을 제외한 대다수의 알트코인은 변동성이 너무 크기 때문에 매우 조심해야 한다. 10년 이상 장기 보유하는 것이 가장 좋은 투자법이라는 것을 알려드린다. 암호화폐도 장기 투자해야 수익을 크게 볼 수 있다.

레이 달리오(Ray Dalio)

레이 달리오는 2012년 브릿지워터 어소시에이츠(Bridgewater Associates)를 설립하여 세계 최고의 헤지펀드 회사로 만들었다. 투자자, 헤지펀드 매니저, 자선사업가로 활동하고 있다.

비트코인은 미래에 부자들만 소유한다

2008년 사토시 나카모토(가명)의 논문을 통해 비트코인이 공개되었고, 2009년 처음 발행되었다. 초기 비트코인 가격은 3원이었고, 2011년이 돼서야 1달러를 돌파했다. 비트코인은 결제 및 거래목적으로 만든 코인으로 공급량은 2,100만 개로 한정되었다. 현재 기관투자가들이 매수하고 있다. 암호화폐 중에서 선두주자이며, 향후 10년 안에 10배 정도 오를 것으로 예측하고 있다. 비트코인은 다른 암호화폐에 비해 비교적 변동성이 낮은 편이다. 노년층은 과도한 리스크를 피해야 하므로 비트코인 비중을 50% 이상 유지하는 것이 좋다.

비트코인이 만들어진 이유는 중앙기관에 의해 무제한으로 발행되는 달러에 실망감을 느끼고 탈중앙화된 화폐를 유통시키고자 만들어졌다. 2008년 글로벌 금융위기로 많은 사람들이 고통을 받게 되자, 사토시는 달러에 대한 강한 불신감을 가지게 되었다. 중앙기관이 마음대로 화폐를 발행하고 거기에 대해 전혀 책임을 지지 않는 것에 반기를 들고 탄생한 것이 바로 비트코인이라고 말할 수 있다.

블록체인(Blockchain)

각 블록에 데이터를 담아 연결한 형태를 말한다. 중앙 서버가 존재하지 않고 각 참여자의 컴퓨터에 데이터 자료가 복사돼 분산 저장된다. 자료가 투명하게 기록되어 여러 사람에게 똑같이 저장되기 때문에 위 · 변조가 불가능하다. 블록체인은 한마디로 분산형 저장 기술을 의미한다.

채굴(Mining)

비트코인은 블록체인 기술로 만들어지며 블록들의 연결로 구성되어 있다. 다음 블록을 생성하는 어떤 숫자를 맞추고 그에 대한 보상으로 비트코인이 지급되는 것을 말한다.

비트코인의 현물 ETF 승인

비트코인은 사토시 나카모토라고 하는 사람이 만들었지만 아무도 그가 누구인지 모른다. 비트코인은 한정된 발행량으로 앞으로 갈수록 가치가 상승할 것으로 예상된다. 2024년 1월 현물 ETF가 승인되면서 비트코인은 제도권으로 들어오게 되었다.

비트코인 현물 ETF 상장으로 인해 기관들이 비트코인을 의무적으로 담아야 하기 때문에 계속 비트코인 가격이 상승할 것으로 점쳐지고 있다. 2024년 4월에 반감기가 도래했으며 상승세는 지속될 것으로 전망한다. 이러한 이유로 최근 비트코인 가격이 1억 원을 돌파하기도 했다. 전문가들은 비트코인 가격이 몇 년 안에 3~4억도 갈 수 있다고 보는가 하면, 10년 안에 10억까지 오를 수 있다고 전망하기도 한다.

그러나 암호화폐는 변동성이 큰 만큼 어느 때라도 대폭락이 올 수도 있다는 사실을 분명히 알아야 한다. 보통 비트코인의 1개의 생산단가는 3만 6천 달러 정도 되는 것으로 추정하고 있다. 비트코인의 하락 폭은 고점 대비 70%까지 지난번에 떨어졌다. 비트코인과 이더리움이 회복력이 가장 빠르며, 또한 다른 알트코인보다 가장 먼저 오른다. 대부분 알트코인들은 고점 대비 90% 이상 떨어진다. 따라서 암호화폐를 투자할 때는 하락 추세가 시작되면 일부를 처분해서 안전자산으로 이동시켰다가 바닥에서 다시 상승하기 시작할 때 투자하는 것이 좋다. 비트코인도 저점에서 사서 장기적으로 투자하면 큰 수익을 볼 수 있다. 기관투자가들은 비트코인과 이더리움을 가장 관심 있게 보고 있다.

알트코인은 잘 고르면 대박, 그렇지 않으면 쪽박

알트코인은 많이 오르고 많이 떨어진다. 최대 낙폭(MDD)은 고점 대비 90% 이상이다. 저점에서 사면 10배에서 100배도 가능하다. 2023년 11월 말 현재 알트코인들이 거의 바닥까지 이르렀다. 저점에서 유망한 코인에 10만 원이라도 투자해 놓으면 향후 10년이 지나면 큰 수익을 얻을 수 있다. 어느 것이 오르게 될지 모르기 때문에 유망한 코인 종류 10~20곳에 나눠서 투자하고 10년 정도 기다려보자. 물론 어떤 것은 상장 폐지되는 종목도 나올 수 있을지도 모른다. 설사 반이 상장 폐지가 돼도 나머지에서 10~100배의 수익이 난다면 남는 장사다.

따라서 사전에 유망 코인에 대해 공부한 후, 투자 종목을 선택하면 좋다. 책이나 신문, 유튜브 등을 통해 보면 전문가들이 친절하게 알려준다. 다만 좋은 종목을 알려준다면서 자신의 회원으로 가입하라거나, 전화번호를 남기라거나, 앱을 설치하라고 하는 것은 모두 사기성이 짙다. 아무런 조건 없이 공개적으로 알려주는 사람이 가장 믿을 수 있다. 공격적인 투자를 원하는 젊은이들은 알트코인 비중을 50%까지 가져가는 것도 좋다.

이더리움과 창시자 비탈릭 부테린

이더리움의 창시자인 천재 비탈릭 부테린(Vitalik Buterin)은 러시아에서 출생하였지만 나중에 캐나다로 부모님을 따라 이주하였다. 그는 워털루 대학에서 블록체인에 대해 심도 있게 공부하였다. 그는 2013년 이더리움 백서를 발표하였고, 2015년 본격적으로 이더리움을 출범시켰다. 이더리움은 발행량은 무제한이나 소각 등의 방법으로 수량을 조절하고 있다. 그는 스마트 콘트랙트를 통해 계약 조건이 만족하면 자동으로 계약이 진행되도록 했다. 개발자들은 이더리움을 통해 금융, 게임 등 다양한 디앱을 만들 수 있다. 즉 디파이, NFT, 디앱 등을 이더리움의 플랫폼 위에서 가능하다. 현재 비트코인에 이어 시총 2위를 달리고 있는 이더리움은 '향후 비트코인을 능가할 수 있다'고 예측하는 전문가들도 있다. 비탈릭 부테린은 최근에 SBT(Soul Bound Token)라는 새로운 신원인증 토큰을 만들어내기도 했다.

이더리움 ETF도 승인

2024년 7월 22일 미국증권거래위원회(SEC)는 블랙록 등 자산운용사가 신청한 이더리움의 현물상장지수펀드(ETF) 거래를 승인하였다. 비트코인에 이어 이더리움도 ETF가 승인되면서 기관투자자의 투자를 촉진하게 되었다. ETF의 승인은 가상자산의 제도화라는 의미로 코인거래소보다 규제가 더 강화된다. 투자자의 입장에서는 이더리움을 더 안전한 증권사 등을 통해 거래할 수 있게 된다. 이더리움 ETF의 승인으로 기관투자자들이 이더리움 시장에 진입하게 될 전망이다. 한국에서도 향후 이를 뒤따를 것으로 예상된다.

알트코인은 아는 만큼 성공한다

이더리움(ETH)

비트코인 다음으로 유명한 코인이 이더리움이다.(시총 2위) 알트코인의 선두주자이며 속도를 향상하면서 비트코인의 약점을 보완했다. 블록체인 기초 앱 개발을 지원하는 플랫폼 및 여기서 사용되는 가상화폐이다. 스마트 콘트랙트의 기능으로 확장성을 높였다. 다른 알트코인에 비해 변동성이 낮은 편이다. 이더리움은 새로운 세상을 만드는 것을 목적으로 하고 있다. 2024년 4월 15일 홍콩당국이 비트코인과 이더리움의 현물 ETF를 아시아 최초로 승인했다고 언론에 보도되었다. 현재 비트코인과 함께 암호화폐를 리드하고 있으며, 이 2개의 시총이 전체 암호화폐 시총의 70%를 점유하고 있다.

리플(XRP): 기업용 송금 네트워크 결제 플랫폼(SWIFT를 대체할 대안, 은행 간 이체 서비스)

에이다(ADA): 모바일에 최적화된 가상화폐 플랫폼. 3세대 블록체인 가상화폐, 싱가포르국부펀드가 투자했다. 카르다노 기반으로 만들어졌다.

솔라나: 블록체인 플랫폼. TPS 5만, 수수료 없음, 스마트 콘트랙트, 시가총액 5위, 이더리움보다 확장성 높음. 이더리움을 능가하는 것을 목표로 하고 있다.

클레이튼: 카카오 자회사 그라운드X에서 발행, 퍼블릭 블록체인 플랫폼. 한국의 대표주자로 메인넷을 운영하고 있다. NFT와 디파이 생태계를 확장하고 있다.

파일코인: 파일 공유, IPFS 기술, 탈중앙화 클라우드 시스템

라이트코인: 비트코인에서 하드포크, 처리 속도 빠르고 수수료 저렴하다. 8,400만 개 발행

비트코인캐시: 비트코인에서 하드포크, 송금 속도 빠르고 수수료 저렴, 그레이스케일에서 투자

체인링크(LINK): 블록체인과 세상의 모든 데이터를 연결해 줌. 블록체인의 시장이 확대될수록 주

목받는 코인으로 펀더멘탈이 확고함. 유틸리티 코인, 탈중앙화금융(디파이). 코인 간 연결해 주는 코인

비체인(VET): 물류 관련 블록체인. 재품 출하부터 이동, 판매 등 모든 물류 과정을 실시간 추적. 수 많은 대기업과 파트너십 체결, 장기적으로 유망코인(중국)

이더리움클래식(ETC): 이더리움 하드포크로 새로운 이더리움(ETH)이 탄생하자 이를 따르지 않고 원래 체인을 고수함. 작업증명방식(POW)을 그대로 고수함.

스텔라루멘: 리플에서 하드포크함. 리플처럼 국제간 송금 및 개인 간 송금, 수수료 없음, 개발도상 국에 중점을 두고 개발

폴카닷(DOT): 가장 미래지향적인 블록체인. 3세대 인터넷서비스, 플랫폼 코인, 주목받는 코인. 각 종 프로젝트 진행, 파라체인(병렬 블록체인)과 릴레이 체인(메인체인) 이 두 가지가 상호작용을 하 면서 정보교환(인터체인)

도지코인: 재미 삼아 만든 밈코인. 무한 발행, 결제 코인으로 최적화

테조스: 이더리움과 경쟁하기 위해 만들어졌으며, 다양한 기능이 이더리움을 능가한다.

아발란체: 오픈 소스 기반 스마트 콘트랙트 플랫폼. 더욱 빠른 트랜잭션 메인넷 목표

알고랜드: 기존 암호화폐의 속도, 확장성, 보안의 3중으로 발전할 수 없는 트릴레마에서 벗어나기 위해 새로운 알고리즘으로 작동하는 암호화폐다. 번거로운 작업 없이 더 나은 보안과 투명성을 해 결했다.

폴리곤(MATIC): 총발행량 100억 개, 유틸리티 토큰. 지갑 생성수 1억 개 돌파, 사용자 수가 급격히 증가, 주목받는 코인

온도파이낸스: RWA의 대장주. 개인들도 미국 국채 투자에 참여할 수 있게 됨.

코스모스(COSMOS): 모든 블록체인을 연결하는 layer-0 블록체인(인터체인), 3세대 블록체인

계속 생태계 확장, 개발툴 제공, 코스모스 개발툴들이 블록체인 표준으로 자리매김. NFT기반 P2E 게임 준비(김치코인)

에이브(AAVE): 코인 대출 플랫폼이다. 영국 런던에 본사가 위치하며 탈중앙화 금융(Defi) 플랫폼

의 기본 토큰이다. 암호화폐를 빌려주고 빌릴 수 있는 플랫폼이다.

칠리즈: 유틸리티 코인, 스포츠

네오(NEO): 중국의 이더리움, 총공급량 1억 개

퀀텀(QTUM): 비트코인과 이더리움의 장점을 결합한 하이브리드 블록체인 플랫폼(중국)

비트토렌트: 데이터 및 파일 공유, 10억 명 사용

베이직어텐션: 광고 차단 기능, 팝업 제거로 빠른 속도 자랑, 그레이스케일 투자

팔란티어: 장기적으로 유망코인. 데이터를 다루는 회사. 미국 상업용으로 수익 증가(321%) 5~10년 안에 크게 성장 예상

디센트럴랜드(Mana): 메타버스의 가상부동산. 삼성, 월마트 입점, 무한 확장성. 장기적으로 유망코인, 땅이나 아이템 소유 가능

샌드박스: 메타버스 세상에서 가상자산 거래, NFT와 메타버스 기반 게임 서비스, 게임을 통해 수익을 창출

플로우: 개발자 중심의 레이어 1 블록체인 네트워크, 게임, 디앱, 디지털자산들의 개발 지원, NFT 시장 내에서 두각을 나타냄.

지캐시: 다크코인(프라이버시 코인). 익명성 보장, DCG그룹 배리 실버트가 지원

모네로: 다크코인 중 시가총액 1위

호라이즌(ZEN): 다크코인. DCG그룹의 베리 실버트가 지지, 그레이스케일 투자

엑시인피니티(AXA): P2E게임의 대표 플랫폼. 강한 커뮤니티 형성

세타: 탈중앙화된 스트리밍을 지원 프로젝트 진행. 새 네트워크를 통해 콘텐츠 전송 비용 절감. 메인넷 3.0을 출시

트론: 사용자와 광고주 간에 직접적인 콘텐츠 거래 도모. 기업들과 결제 파트너십을 맺고 메인넷 개발, 다양한 디앱들을 생태계에 유치 추진

위믹스: 한국 코인의 대장주의 하나. 메타버스와 게임토큰 시장에서 두각, 위믹스 플랫폼에서 다양한 게임의 자산을 연결해줌. 게임 간의 기축통화 역할. P2E 게임 대표주자

보라: 한국디지털콘텐츠 플랫폼. 게임, 소셜커뮤니티 엔터테인먼트 및 보라 플랫폼을 통해 자신의 서비스를 제공

세타퓨엘: 여분의 대역폭을 공유하는 사용자에게 제공하는 토큰

월드코인: 신원인증 코인. 홍채로 인식, 오픈 AI의 샘 올트먼 CEO가 발행

비트거트(Brise): 이더리움의 대항마로 급부상, 수수료 거의 없고 처리 속도 최고, TPS 10만 건. 세계 최초 합법적인 탈중앙화 암호화폐거래소를 만드는 것을 목표로 함.

현재 시장가치 13억 달러. 솔라나, 아발란체에 이어 비트거트가 가장 빠른 속도를 자랑. 향후 주목되는 코인

톤(Ton): 텔레그램코인으로 시총 9위이며, 카르다노를 제쳤다. 텔레그램 사용자 9억 명, 신원인증, 잠재력이 있는 코인

메이커(Maker): 암호화폐를 담보로 대출해주는 대출 신용 시스템

인터넷컴퓨터: 블록체인 기반 클라우드서비스. 차세대 블록체인 대표주자

* 솔라나, 아발란체, 비트거트 이 세 가지가 이더리움을 능가하는 것을 목표로 하고 있다.

샘 알트만

인공지능 연구소인 오픈 AI 최고경영자(CEO)로 있다. 미국 기업가, 투자가, 프로그래머이다. 유망 스타트업에 투자 활동도 활발히 하고 있다. 스탠포드 대학에서 컴퓨터 과학을 공부하다 중퇴했다.

암호화폐 투자 성공법은 장기 투자다

홈페이지를 통해 백서, 개발, 마케팅의 내용을 파악하고 실제로 진행되고 있는지를 파악해서 투자 여부를 결정해야 한다. 특히 미국 기관투자가들이 어떤 코인을 보유하고 있는지 눈여겨본다. 좋은 코인을 고른 다음 폭락했을 때 투자를 하는 것이 좋다. 거래량이 많거나, 많은 사람들이 보유한 암호화폐를 매수하는 것을 추천한다. 암호화폐는 전반적으로 변동성이 크기 때문에 투자를 신중하게 해야 한다.

알트코인 중에서 언제 사라질지 모르는 코인들이 많이 있다. 특히 코인업체가 직접 ICO를 통해 투자자금을 모집하는 방식은 사기 가능성이 높기 때문에 ICO에 투자하는 것은 피하는 것이 좋다. 대부분 먹튀 가능성이 높기 때문이다. 장기적으로 비트코인이 암호화폐 중에서 가장 안전성이 높고, 변동성이 다른 암호화폐에 비해 낮다. 전문가들은 비트코인의 비중을 50% 이상 유지하기를 권하고 있다. 알트코인 중에서는 이더리움이 변동성이 다른 알트코인들에 비해 비교적 낮기 때문에 알트코인 중에서 이더리움에 우선적으로 투자하기를 권한다. 기타 알트코인 투자는 좋은 종목을 잘 골라서 저점에서 사서 장기적으로 투자하면 매우 큰 수익을 거둘 수 있을 것으로 보고 있다. 이더리움을 제외한 알트코인들은 매우 변동성이 크기 때문에 리스크 관리 차원에서 비중을 적게 가져가는 것이 좋다.

전체 투자자산 중에 90%를 주식, 채권, 달러 등에 투자하고 10% 정도만 암호화폐에 투자하기를 권한다. 암호화폐도 저점에 사서 10년 이상 장기 투자를 하는 것이 바람직하다. 전문가들은 비트코인 50%, 이더리움 30%, 기타 알트코인에 20% 투자를 권하고 있다. 기타 알트코인 투자는 가장 유망하다는 알트코인에 10만 원에서 100만 원 정도씩 투자해서

10년을 기다린다.

비트코인과 이더리움을 제외한 다른 알트코인들은 최대낙폭(MDD)이 90% 이상 되기 때문에 하락이 시작할 때 들어가면 투자한 돈 대부분을 잃을 수 있다. 암호화폐는 변동성이 크기 때문에 주의해야 한다. 비트코인과 이더리움은 최대 낙폭이 50~70%이며 2~3년이 지나면 가장 먼저 회복이 된 후, 나중에 알트코인들이 서서히 회복되기 시작한다. 암호화폐는 변동 폭이 너무 크기 때문에 큰돈을 투자하기보다는 소액을 투자하는 것이 좋다. 반드시 저점에서 투자하기를 바란다.

코인을 고르는 요령

- 가급적 시가총액이 높은 코인을 선택하며(1~40위), 코인마켓캡 등에서 확인할 수 있다.
- 미국 기관투자가들이 보유하고 있는 코인을 고른다.
- 향후 미래 성장 가능성이 있는 코인을 고른다.
- 새로 나온 코인 중에서 검증되고, 성장성과 참신성이 있고, 트렌드에 적합한 코인을 고른다.

세계 각국의 코인거래소 및 코인 분류

미국

코인베이스(Coinbase): 전 세계 100개 이상의 국가에서 사용 가능, 미국 내 사용자 최대, 나스닥에 상장

비트멕스(Bitmex): 세계 5위, 샌프란시스코에 본사 위치, 마진거래 가능

비트렉스(Bitrex): 세계 102위, 거래 코인이 가장 많은 거래소, 라스베이거스

홍콩

바이낸스(Binance): 중국계 캐나다인 창펑 자오가 창업, 세계 최대 암호화폐 거래소. 395개 암호화폐가 상장됨. 스테이블코인인 BUSD라는 화폐 사용(달러와 1:1 교환), 최초 홍콩에서 오픈함

비트파이넥스(Bitfinex): 암호화폐 외에 다른 화폐도 사용 가능, 마진 거래 가능, 세계 10위 안에 드는 대규모 거래소. 몰타로 본사 이전

중국

후오비(Huobi): 창업자 리린. 싱가포르, 한국, 일본, 홍콩 등에 서비스 제공

싱가포르

비트겟(Bitget): 싱가포르에 본사, 글로벌 암호화폐 파생상품 거래소. 선물거래, 현물거래, 암호화폐 거래, 암호화폐 스테이킹 서비스를 제공. 2023년 기준 1일 거래량 100억 달러, 선물거래량 5위를 기록하고 있다

바이비트(Bybit): 2018년 설립. 암호화폐 파생상품 전용 거래소. 거래방식은 교차마진(최대 레버리

지 100배)과 격리마진 두 가지를 사용

* 교차마진(Cross Margin): 계좌의 모든 지갑의 자산이 마진으로 사용하여 더 큰 거래가 가능하다. 높은 이익 및 강제 청산 위험의 특징이 있다.(이익은 극대화되나 모든 자산의 지갑이 청산 위험에 노출됨)
* 격리마진(Isolated Margin): 특정 거래에 대해 별도의 지정된 자산만 마진으로 사용하여 위험을 낮춘다. 그 대신 이익의 폭은 감소된다.

한국거래소

업비트: 2017년 오픈, 국내 거래량 1위, 비트렉스와 제휴

빗썸: 국내 거래량 2위

코인원: 실시간 채팅, 보안 강화

코빗, 고팍스

거래소 분류

탈중앙화거래소(DEX, Decentralized Exchange)

스마트 계약에 의거 개인 간 금융거래(P2P) 방식으로 운영되는 분산형 가상화폐거래소를 말한다. 가상화폐 지갑만 있으면 계약이 이루어진다. 가입 절차가 없어 익명성이 보장된다.(유니스왑, 팬케익크스왑, 스시스왑 등)

중앙화거래소(CEX, Centralized Exchange)

기존의 암호화폐거래소(업비트, 바이낸스, 코인원 등)를 말한다. 중앙화거래소 지갑을 이용한다.

화폐 종류에 따른 거래소

원화마켓: 거래소에서 원화로 코인 거래(업비트, 코인원, 빗썸, 코빗 등)

BTC마켓: 비트코인으로 다른 코인을 거래

USD마켓: 스테이블코인으로 거래(예: 테더)

지갑 종류

핫 월렛(hot wallet): 인터넷과 연결돼 쉽게 거래가 가능하나 해킹에 취약하다.

콜드 월렛(cold wallet): 개인 키를 오프라인에 보관함으로써 인터넷에서 독립되어 해킹에 안전하나 거래는 불편하다. USB나 카드 형태 등으로 되어 있다.

하드 웨어 형태로 되어 있기 때문에 하드 웨어 월렛이라고 부른다.

플랫폼 기반 코인 지갑: 플랫폼을 이용한 토큰이 활발히 개발되므로 이 지갑을 가지고 있어야 ICO에 참여가 간편하다. (예: 이더리움, 퀀텀, 네오, 라이트코인 등)

* 핫 월렛 종류: 데스크톱지갑, 웹지갑, 모바일지갑
* 콜드 월렛 종류: 종이지갑, 하드웨어지갑(트레저, 렛져, 디센트 등)

가상자산 분류

1) 지급 결제형

    유통 교환을 위해 발행한 가상 자산(비트코인)

2) 증권형 토큰(STO)

    주식, 채권, 부동산 등의 자산에 대한 가치를 디지털 토큰과 연계한 것(온도파이낸스, 체인링크, 아발란체)

3) 유틸리티형

    블록체인 기술을 기반으로 한 애플리케이션 혹은 서비스 제품 네트워크 내에서 사용되는 가상 자산으로 메타버스 속에서 사용이 증가할 것으로 예상된다.

    게임: 디센트럴랜드, 샌드박스, 엔진, 플로우, 왁스, 엑스인피니티

    파일 및 데이터 공유: 파일코인, 비트토렌트, 덴트

    신원인증: 월드코인, 톤(TON), 온톨로지, 시빅, 메타디움

물류: 비체인(VET)

브라우저: 베이직어텐션

콘텐츠 : 세타, 트론, 세타퓨엘

탈중앙화 금융 : 유니스왑, 체인링크, 에이브, 팬케익스왑, 컴파운드

디지털자산 전송: 레이브코인

한눈에 보는 암호화폐 용어 정리

	설명
ICO(Initial Coin Offering)	암호화폐 공개. 암호화폐 개발자가 공개적으로 코인 발행 판매
IEO(Initial Exchange Offering)	암호화폐거래소에서 ICO를 대행하는 것으로, 암호화폐거래소에서 심사 절차를 거쳐 코인 발행하여 판매하는 것을 말한다. 검증 절차를 거치기 때문에 ICO보다 비교적 신뢰할 수 있다. (예: 바이낸스의 런치패드)
디파이(De-fi)	탈중앙화금융(Decentralized Finance). 은행을 통하지 않고 개인 간 거래(P2P)가 가능한 금융이라고 말할 수 있다. 공개 네트워크인 블록체인 개념을 금융과 결합한 것이다. 모든 거래가 블록체인에 기록되기 때문에 투명하다. 중앙화된 시스템은 운영주체가 얼마든지 데이터를 수정할 수 있기 때문에 불안하다. 하지만 블록체인 자체에 기록된 데이터는 절대 수정할 수 없기 때문에 디파이는 안전하다. 앞으로 디파이의 미래가 기대되는 분야야. 디파이 코인에는 체인링크, 유니스왑, 테조스, 앵커 등이 있다.
반감기	4년마다 비트코인 채굴 수량이 반으로 줄어드는 것
스캠코인	사기코인(isthiscoinascam, 닷컴에서 확인 가능)
잡코인	시가총액이 작은 코인
깃(Git)	분산형 버전 관리시스템(툴)
깃허브	깃을 사용하는 프로젝트를 지원하는 웹호스팅 서비스(깃 저장소 호스팅 서비스)
암호화폐 등급	사용자 활동, 확장성, 개발자 활동 등 다양한 측면에서 활동성을 측정함. S/A/B/C/F 등급(5개)
사토시	비트코인 가격을 1억분의 1로 나눈 것
하드포크(hard fork)	블록체인을 업그레이드시켜 원본에서 독립한 새로운 암호화폐
소프트포크(soft fork)	기존의 것을 업그레이드함
펌핑(pumping)	세력이 코인을 대량 매수하여 인위적으로 가격이 강하게 오르는 현상
패닉셀(panic sell)	추가 하락에 대한 공포감으로 보유하고 있던 주식을 팔아버리는 것을 말함(과매도 유발).
데드캣 바운스(Dead Cat Bounce)	'죽은 고양이가 꿈틀한다'는 말로 주가가 큰 폭으로 하락하다가 잠깐 반등하는 것을 의미한다(단기 반등).
에어드랍(air drop)	특정 코인을 보유하면 공짜로 다른 코인을 지급하는 것
트릴레마	코인에서 확장성, 보안성, 탈중앙성 이 3가지를 동시에 개선하기 힘든 상황
오픈 소스	누구에게나 그 소프트웨어가 어떻게 만들어졌는지 소스 코드를 공개하여 이것을 기초로 변형이 가능하다.
스냅샷(snapshot)	'특정 시점에 보유하고 있는 암호화폐 종류와 수량을 사진을 찍어 저장해 둔다'는 의미로 에어드랍을 받기 위해 해당 거래소에 보유해야 하는 시점을 말한다.
해시(Hash)	블록체인을 구성하는 데이터
해시파워(Hash Power)	블록체인의 블록을 채굴하는 데 필요한 암호 연산 능력
해시레이트(Hash Rate)	암호화폐를 얼마나 채굴하는지를 나타내는 수치
다크코인(Dark Coin)	익명성 코인, 프라이버시 기능 강화, 범죄자금으로 활용 우려
OTP(One Time Password)	일회성 비밀번호 생성기(보안 강화 기능)

노드(Node)	컴퓨터 또는 사용자
펀딩(Funding)	코인을 빌려주고 이자 받기
트랜잭션(Transaction)	암호화폐를 거래할 때 블록체인에 거래를 기록하는 것
TPS(Transaction Per Second)	블록체인이 1초에 처리하는 트랜잭션 수
Exchange	일반 거래
마진(Margine)	마진 거래, 돈을 빌려서 거래하는 레버리지 거래
Post Only	오직 지정가로만 거래(지정가 수수료가 저렴하기 때문).
Reduce only	단방향 거래만 가능. 반대 포지션은 진입 불가(줄이는 것만 가능) / 보유 물량이 7개인데 모르고 10개를 숏을 치면 7개만 팔게 됨.(3개는 롱이 안 됨)
Limit	특정 가격이 될 때 주문이 체결됨.(지정가 주문체결, 같은 말로 Maker)
Stop	특정 가격에 도달하면(감시가격, Stop) 그때서야 매수가격을 주문하는 것(limit)
Stop–Limit	특정 가격에 도달 시 주문 실행(최소 이익 실현, 혹은 손절 시 사용)
Taker	시장가 거래('지금 당장 산다'는 의미, 같은 말로 Market)
Maker	지정가 거래('지정된 가격에 거래를 만든다'는 의미, 같은 말로 Limit)
Stop Loss	손절매
Loss Cut	손절매
자동 주문	원하는 가격에 도달하면 매수, 매도 계약이 체결될 수 있도록 설정하는 것
Trailing Stop	가격이 변동 중 저점과 고점을 정한 후(감시가격), 거기서 정해진 비율만큼 상승하거나 하락하면 매매가 실행되는 것.(trailing stop 비율 60%라면 먼저 감시가격에 도달한 후, 그 가격에서 60% 오르거나 내리면 계약이 체결됨)
Fill or Kill	'충족하거나 아니면 죽는다'는 의미. 주문 내용 중 체결되지 못한 부분은 취소됨.
업토버(Uptober)	Up(상승) Tober(October, 10월) 10월 상승세를 가리킴
스마트 콘트랙트	툭정 조건이 맞으면 계약이 자동으로 실행되는 것
댑/디앱(DApp, Decentralized Application)	분산 응용. 메인넷에서 구동되는 탈중앙화 애플리케이션. 사용자와 제공자 사이에 상호작용을 통해 다양한 서비스를 활용할 수 있다.
메인넷	다른 플랫폼에 속하지 않고 독립적으로 운영되는 블록체인 플랫폼(생태계)
코인	메인넷에서 자체 지불수단인 암호화폐
토큰	메인넷을 가지고 있지 않고 다른 플랫폼에서 만들어진 암호화폐. 토큰에서 테스트넷을 통해 코인으로 발전하기도 한다.
테스트넷(testnet)	독립적인 블록체인 플랫폼의 가능성을 시험하는 곳
스테이킹(staking)	자신의 암호화폐를 예치해서 지분(stake)으로 고정하고, 블록체인 운영 및 검증에 참여하고 이에 대한 보상으로 암호화폐를 받는다.
가스(gas)비	코인을 지갑에서 다른 지갑으로 옮길 때 드는 수수료
유니스왑	토큰을 교환할 수 있는 이더리움 블록체인상에서 운영되는 프로그램
다오(DAO, Decentralized Autonomous Organization)	탈중앙화자율조직. 운영 주체가 없이 스마트 콘트랙트를 통해 자산 소유권을 관리한다. 모든 참여자에게 권한을 분산시킨다.
락업(lockup)	개인투자자의 보호를 위해 일정 기간 매매를 금지함(주식의 보호예수와 동일)
언락(unlock)	락업이 해제됨. 코인 물량이 일시적으로 증가하여 가격이 하락한다.
사이드체인	기존 블록체인의 확장 형태로 새로운 서비스를 제공하는 체인
샤딩(sharding)	데이터베이스의 성능을 개선하기 위해 수평적 확장이 가능하게 만드는 기술로 트랜잭션을 작은 조각으로 쪼개서 병렬로 처리한다.
인터체인	서로 다른 블록체인을 연결하기 위한 블록체인

퍼블릭 블록체인	누구나 참여할 수 있는 개방형 블록체인 네트워크
프라이빗 블록체인	참여자가 제한된 블록체인. 속도가 빠르다.
토큰 증권	블록체인 기술을 활용해 증권을 디지털화한 것. 음악저작권, 부동산, 미술품 등 유무형 실물자산과 연계되어 있다.(RWA)
온체인 데이터(On-chain Data)	블록체인에 거래 데이터를 저장하는 것
오프체인(Off-Chain)	확장성 문제를 해결하기 위해 블록체인 밖에 데이터를 저장하는 것
오라클(Oracles)	데이터를 오프체인(off-chain)에서 온체인(on-chain)으로 가져오는 기술(체인링크)
Pool, Farm	코인을 예치하고 이자를 취하는 것
재정거래(Arbitrage)	차익거래. 한국거래소와 해외거래소의 시세 차이를 이용해 수익을 내는 거래
자전거래(Cross Trading)	같은 가격과 같은 수량으로 팔고 동시에 되사는 것으로 개미를 유인하려는 작전이다.
확장성	사용자의 증가로 인해 거래량이 늘어나는 경우에도 아무런 문제 없이 전송 처리 용량을 확장하여 처리 속도가 늦어지지 않도록 하는 능력
롤업(Roll-up)	이더리움의 layer1 트랜잭션을 오프체인에서 실행하여 그 결과와 트랜잭션값만 이더리움의 메인넷에 기록하는 솔루션이다. 이는 외부에서 트랜잭션을 처리하여 더 빠르게 트랜잭션을 처리하는 것이다.
유저인터페이스(UI, User Interface)	유저에게 시스템을 편리하게 사용할 수 있는 환경을 제공하는 것을 말하는데, 업비트가 좋은 환경을 제공하는 것으로 알려져 있다.
RWA(Real World Asset, 실물연계자산)	실물자산의 토큰화. 부동산, 미술품, 채권, 저작권 등 실물자산을 코인으로 토큰화하여 거래하는 것을 말한다. 예를 들면 100억짜리 건물을 5천 원씩 쪼개어 토큰으로 판매하는 것이다. 따라서 일반인들도 쉽게 소액으로 빌딩을 부분 소유할 수 있게 된다. 다른 가상자산에 비해 실물 경제와 밀접하게 연관된다.(내재가치 확실) 실물자산을 블록체인상에서 거래할 수 있다. RWA에 의해 실물자산에 대한 유동성과 접근성의 확대로 자산의 토큰화는 향후 더욱 증가할 것으로 예상된다. 관련 코인으로는 메이플, 투루파이, 체인링크, 온도파이낸스, 스텔라루멘, 아발란체, 신세틱스, 폴리매쉬, 크렛딧코인, 센트리퓨즈, 메이커다오, 나비프로토콜, 레이븐 등이 있다.
STO(Security Token Offering, 증권형 토큰)	증권거래소의 주식 등을 토큰화하여 RWA처럼 역시 유동성과 접근성을 확대하는 것을 말한다. STO는 저렴한 수수료, 24시간 거래, 우수한 보안성 등으로 성장이 예상되고 있다. 보유기간 동안 수익배분을 하며 자본시장법의 적용을 받는다는 점에서 코인과 차이가 난다. 모든 점에서 RWA와 유사하지만 수익배분을 한다는 점이 가장 큰 차이점이다.